簡奇峯

林欣慧

呂宗弘
Hermes Lu.

상견니

영화 각본

상견니
영화 각본

想見你
Someday or One day

오리지널 IP 싼펑제작 | 오리지널 스토리 젠치펑·린신후이 | 각본 뤼안셴 | 번역 김소희

orangeD

언젠가부터 작품을 하나 끝내고 나면 해당 작품과 관련된 굿즈들을 주섬주섬 모으기 시작했습니다. 오리지널 사운드트랙부터 각색 소설, 사진집은 물론이고, 심지어 작품에 등장하는 피규어와 엘피판 같은 것도 있지요. 하지만 제 인생에서 가장 특별한 굿즈는 바로 영화 〈상견니〉일 겁니다.

영화를 보고 제가 얼마나 운 좋은 사람인지 알았습니다. 영화는 물론이거니와 포스터, 입간판과 스크린을 채우던 예고편, 자리를 가득 메운 관객들까지 극장에 들어서며 보았던 모든 풍경 하나하나를 마음에 담아 두고 평생 소중히 간직하겠습니다. 감사합니다, 상견니.

오리지널 스토리 작가 젠치펑

2019년 말, 드라마가 방영되고 여러분의 시간 속으로(한국판 제목 〈너의 시간 속으로〉를 인용했습니다) 들어가면서 우리는 시공간을 넘나드는 이 여행이 그 무엇보다 로맨틱하기를 바랐습니다. 그 후, 상상할 수 없을 정도로 축복과 사랑을 가득히 받았죠. 특히 한국 친구들로부터요.

"누군가의 마음에 든다는 건, 결코 당연한 일이 아니에요."
– 드라마 마지막 회에 등장하는 천원루의 대사

그러므로 저 역시 이 기회를 빌려 〈상견니〉를 사랑해주신 여러분께 깊은 감사를 드립니다. 영화 작업에는 참여하지 않았지만, 오히려 그 때문에 새로운 경험을 할 수 있었습니다. 한때 우리가 그린 인물들이 또 다른 삶을 살고 있음을 여러분처럼 관객의 입장에서 느끼고 이해할 수 있었으니까요. 제게는 정말 귀한 경험이었습니다.

드라마는 막을 내렸고 영화는 작중 인물들에게 새로운 삶을 열어주었습니다. 그렇다면, 이제는 정말 마지막인 걸까요? 아니요, 새로운 시작일 뿐입니다. 또 다른 만남을 위한 출발이요. Someday or One Day.

오리지널 스토리 작가 린신후이

저에게 있어 영화 〈상견니〉는 두뇌를 풀가동해야 하는 로맨스 영화이기도 하지만, 제 인생관 일부가 담긴 작품입니다. 후회와 상실은 인생의 중요한 자양분이죠. 몇 번이고 되돌아가 인생의 진리를 깨달을 수 있다면 그건 굉장한 행복일 겁니다. 드라마 속 황위쉬안과 리쯔웨이는 행복한 인물이었어요. 그래서 영화에서는 천원루와 왕취안성도 행복하게 해주고 싶었습니다. 어쩌면 마음을 느긋하게 먹고, 도저히 놓아지지 않는 손을 마침내 놓았을 때, 새로운 세상을 볼 수 있는 것 아닐까요.
이 이야기를 사랑해주신 한국의 관객 여러분께 진심으로 감사드립니다. 여러분 덕분에 각본이 출간될 수 있었어요. 각본 안에 더 많은 디테일한 이야기들이 여러분을 기다리고 있습니다. 부디 다시 한번 이 무한 루프 속에 뛰어들어 주인공들을 구해주세요. 더불어 이 이야기가 여러분이 삶을 넓히는 계기가 된다면 각본가로서 더 바랄 게 없을 것 같습니다.

영화 각본가 뤼안셴

목차

황
위
쉬
안

원하는 게 있으면 손에 넣으려고 노력을 해야지.
어떻게 해 보지도 않고 불가능하다고 단정해?

#25세(2017년) #외동딸 #광스光實 테크놀로지 개발팀 프로덕트 매니저

씩씩하고 자신감 넘치는 위쉬안. 할 말은 해야 속이 시원하다. 어디 내놓아도 자랑스러운 딸이자 믿음직한 친구, 유능한 부하 직원, 그리고 제멋대로에 막무가내지만 충실한 연인이다. 겉으로는 상처 따위 안 받을 것처럼 단호하고 꿋꿋해 보이지만 실은 제일 가까운 연인에게만 자신의 약한 모습을 보이고, 다른 사람 앞에서는 나약하게 굴지 않을 뿐이다.

유년 시절 외할머니 집 근처에서 길을 잃었다가 친절한 리쯔웨이의 도움으로 무사히 귀가한다. 10년 후, 일하던 음료 가게에서 우연히 리쯔웨이와 재회하면서 둘 사이에 좋은 감정이 싹트기 시작한다. 순조롭게 연인이 된 두 사람은 기념일마다 같이 보내다 동거를 시작하면서 함께 미래를 그려 나간다. 그러던 2014년 7월 10일, 행복할 것만 같던 날들 사이로 예기치 못한 변화가 날아드는데….

리쯔웨이

몇 번을 반복해도 내 선택은 변함없어.
황위쉬안의 행복이 내게는 목숨보다 더 중요하니까.

#33세(2014년) #외동아들 #인테리어 디자이너

밝고 구김살 없는 쯔웨이. 최고는 아닐지언정 사람들 사이에 있으면 언제나 반짝반짝 빛난다. 마음 맞는 친구를 만나면 아낌없이 잘해주고, 좋아하는 일에는 거리낌 없이 뛰어든다. 그런 쯔웨이를 주저하게 만드는 유일한 순간은 바로 좋아하는 사람 앞에 섰을 때다. 황위쉬안과의 커다란 나이 차이가 그를 망설이게 한다. 늘 그랬듯이 쯔웨이에게 중요한 건 자신의 행복이 아니기 때문에.
캐나다 유학을 마치고 돌아온 뒤 인테리어 디자인 작업실을 열었다. 개업 초기, 음료 가게에 갔다가 고등학교 졸업을 앞둔 황위쉬안과 재회한다. 씩씩하고 독립적이며 솔직하고 시원스러운 위쉬안에게 금방 빠져든 쯔웨이는 용기를 내 고백하고 행복하게 해주리라 약속한다. 순탄하게 연인 관계로 발전한 두 사람은 동거를 시작하고 행복이 계속될 것이라 믿는다. 그러다 2014년 7월 10일, 쯔웨이는 폐건물에서 위쉬안을 구하려다 함께 떨어지는 사고를 당하는데….

천윈루

꿈을 꿨어. 머나먼 미래의 어떤 곳에서
누군가가 나를 아주아주 많이 사랑해주는 꿈.
난 단지 그렇게 사랑받고 싶을 뿐이야.

#36세(2017년) #장녀 #출판사 저작권팀 편집자

어려서부터 부모의 불화와 이혼을 보고 들으며 자랐다. 집안일을
전부 혼자 짊어지면서 든든한 딸이자 책임감 있는 누나 역할을 도
맡지만 결국에는 존재감 없이 잊혀지기 일쑤다. 마치 이 세상에 혼
자만 존재하는 것처럼 삼촌의 레코드점에서 책을 읽거나 좋아하는
음악을 듣고 일기장에 글을 끄적이는 게 가장 즐겁다. 하지만 마음
깊은 곳에서는 누군가의 관심을 간절히 바란다. 진심으로 자신을
돌봐주고, 사랑해주기를, 빈틈없이 사랑해주기를.
불행했던 유년기를 보내고 만난 리쯔웨이와 모쥔제는 삶의 한 줄기
빛이다. 쥔제에게서 따스한 진심을 느끼지만, 두 사람은 연인으로
발전하지 못한다. 고등학교 졸업 후, 원하는 대로 타이베이에 자리
한 대학에 합격한 윈루는 그곳에서 다시 혼자만의 삶을 살아간다.
2015년, 상하이로 파견되면서, 대학생 때 일하면서 알았던 친구를
다시 만난다. 그리고 상대의 끈질긴 구애 끝에 윈루는 프러포즈를
받아들인다. 이것이 고통스러운 미래의 시작이라는 것을 알지 못
한 채….

모쥔제

침묵한다고 무관심한 게 아니야.
침묵만이 우리가 친구로 지낼 수 있는
유일한 방법이라서 그래.

#36세(2017년) #외동아들 #할머니 사후 빙수 가게를 이어받아 운영 중

어릴 적 귓병을 앓았다. 그 때문에 또래 친구들에 비해 조숙하다. 조용하고 내성적이며, 자상한 성격으로 다른 사람에게 쉽게 마음을 열지 않는다. 누구와도 잘 어울릴 것처럼 소탈해 보이나 실은 누구 보다도 마음이 섬세하다. 주변 사람들의 마음을 잘 헤아리며 다른 사람의 생각에 쉽게 동요하지 않는다. 좋아하는 사람 앞에 서면 조금도 내색은 못하지만 상대방의 표정을 하나하나 놓치지 않고 모두 기억한다. 아주 오래오래.
내향적인 쥔제는 리쯔웨이를 만나 서로를 격려하고 응원하며 형제 보다 더 끈끈한 우정을 나눈다. 쥔제의 눈에 윈루는 세심한 관심과 보호가 필요한 사람이다. 고등학교 졸업 후, 쥔제는 타이난에 남고 윈루는 타이베이로 떠난다. 가끔 만나거나 문자 메시지로 소식을 주고받던 두 사람은 거리 문제로 점점 멀어진다. 2001년, 우바이 콘서트에서 예상치 못하게 엇갈린 두 사람은 이후 오랜 시간 다시 보지 못한다. 2014년, 타이베이에서 할머니의 빙수 가게를 다시 시작하면서 같은 해 7월 8일에 윈루를 다시 만난다. 그런데 윈루는 엉뚱한 말을 한다. 자신은 미래에서 온 황위쉬안이며 3일 후 쯔웨이가 죽게 될 거라고….

양
하
오

혹시 그런 꿈꾼 적 있어? 아주아주 길고, 생생한 꿈.
깨어나서도 여전히 꿈속인 듯 너무나 생생한 꿈.

#41세(2017년) #상하이 광스 테크놀로지 마케팅팀 매니저

소탈하고 따스한 성격의 양하오. 믿음직한 부하 직원이자 친절한
동료이며 자상한 상사다. 부임한 지 2년밖에 안 되었지만 예리한 관
찰력과 원만한 의사소통 능력 덕에 모두의 호감과 신뢰를 받는다.
하지만 자세히 들여다보면 회사에 그의 삶에 대해 아는 사람은 없
다. 가정사부터 교우 관계, 연애사에 이르기까지 언제나 능숙하게
화제를 돌리며 사생활을 드러내지 않는다. 그 때문에 밝고 따뜻한
이미지 이면에 숨겨진 거대한 후회와 고통의 그림자를 어느 누구도
눈치채지 못한다.
수년 전, 아주 특별한 소녀를 만나 깊은 사랑에 빠졌다. 달콤한 연
애를 거쳐 행복한 혼인 생활을 시작하지만 얼마 지나지 않아 아내
가 유산을 하고 우울증에 빠지면서 두 사람의 사랑은 시험대에 오
른다. 어느 날, 예상치 못한 사고로 아내는 혼수상태에 빠지고, 큰
충격을 받은 양하오는 매일 후회 속에서 괴로워한다. 그러던 중 아
내의 비밀을 알게 되는데….

일러두기

1   이 책에 수록된 각본은 영화 〈상견니〉(2022)의 오리지널 원고입니다. 영화에 담기지 않은 장면을 포함하고 있으며, 공개된 영화와 일부 내용과 연출이 다를 수 있습니다.

2   이 책에 나오는 주요 시나리오 용어는 다음과 같습니다.

▶ O.S. : Off-Screen의 줄인 말. 화면에 보이지 않는 인물의 소리(대사)를 표현하는 방식으로, 화면에 보이는 인물과 동일한 시공간에 있는 대사

▶ V.O. : Voice Over의 줄인 말. 화면에 보이지 않는 인물의 소리(대사)를 표현하는 방식으로, 화면에 보이는 인물과 동일하지 않은 시공간에 있는 대사

▶ Insert : 삽입 화면

▶ 몽타주 : 다양한 위치, 거리, 각도, 방법 등으로 촬영한 장면들을 짧게 끊어서 하나로 만드는 편집 기법

▶ Slow Motion : 느린 동작으로 보이는 화면

▶ Fade to Black : 페이드 아웃(Fade-Out). 장면의 끝부분에서 화면이 서서히 어두워지는 효과

▶ Credits : 크레딧. 영화 마지막에 화면 위로 흐르는 자막

3   본문의 각주는 모두 옮긴이의 주입니다.

S#1.

시간: 밤 / 낮

야외: 폐건물 밖

실내: 마음의 방 / 레코드점 / 천원루의 집

연도: 2014년~

△ 공사장 건물 앞, 여자가 땅에 누워 있다(황위쉬안).

△ 화면이 전환되면, 장소는 같으나 땅에 누워 있는 사람이 두 명으로 바뀐다(리쯔웨이가 황위쉬안을 안고 있다).

△ 화면이 또 전환되면, 장소는 같으나 땅에 누워 있는 사람이 긴 머리의 여자로 바뀐다(천원루).

△ 텅 빈 공간 속에서 천천히 아래로 떨어지는 원루. 잠든 것처럼 눈을 감고 있다.

> **원루**　　　V.O. 곧 사라져 버릴 것을 움켜쥐려 애쓰는 건 얼마나 어리석은
> 일일까.

△ Insert 폐건물 옥상. 위쉬안(실제 천원루)이 밀치락달치락 실랑이를 벌이다 건물 아래로 떨어져 내리려는 찰나, 화면 밖으로 위쉬안을 잡으려는 원루(실제 황위쉬안)의 손이 보인다. 하지만 끝내 잡지 못하고 위쉬안(실제 천원루)은 발을 헛디디며 추락한다.

△ 마음의 방, 원루는 여전히 꿈을 꾸듯 눈을 감고 있다.

> **원루**　　　V.O. 꿈에서 깨어난다 해도 작별 인사는 못 할 것 같아.

△ Insert 중고 레코드점, 원루가 〈사랑의 끝愛情的盡頭〉 테이프를 집어 든다. 생각에 잠긴 얼굴.

△ Insert 원루의 집, 책상 앞에 앉아 일기를 쓰는 원루.

윈루   v.o. 널 잊어버릴까 봐 네게서 눈을 뗄 수가 없어.

△ 화면을 클로즈업하면, 워크맨 안에서 테이프가 천천히 돌아가며 재생 중이다.

△ 윈루가 일기를 쓴다. '곧 사라져 버릴 것을 움켜쥐려 애쓰는 건 얼마나 어리석은 일일까. 꿈에
　 서 깨어난다 해도 작별 인사는 못 할 것 같아. 널 잊어버릴까 봐 네게서 눈을 뗄 수가 없어.'

△ 다른 글자들은 천천히 사라지고, 영화 제목인 '상견니想見你' 세 글자만 떠오른다.

△ 알람 소리가 끼어든다.

S#2.

시간 : 아침
실내 : 황위쉬안의 집 침실
야외 : 거리
연도 : 2009년

△ 침대에 누워 깊은 잠에 든 위쉬안. 모닝콜이 울리고 있다.

△ 위쉬안이 천천히 눈을 뜨는데, 꿈에서 빠져나오기 섭섭한 얼굴이다.

△　Insert　꿈속 장면. 비 오는 날, 고등학교 교복 차림의 소년(리쯔웨이)이 위쉬안을 바라보고 있다.

△ 천장을 멍하니 바라보는 위쉬안. 꿈속에서의 생생하고도 희미한 광경을 떠올리는 중이다.

점프컷
△ 약간의 시간이 흐른 시점. 위쉬안은 커튼을 열고 창밖으로 비 내리는 도시를 바라본다.

S#3.

시간 : 아침
실내 : 리쯔웨이의 작업실
야외 : 거리
연도 : 2009년

△ 비 내리는 도시 풍경.

△ 작업실에서 창밖으로 바깥 풍경을 바라보고 있는 쯔웨이. 방금 잠에서 깬 듯 기지개를 켠다.

△ 쯔웨이도 위쉬안처럼 생각에 잠긴 얼굴로 조금 전 꿈속에서 보았던 풍경을 떠올린다.

△ Insert 꿈속 장면. 비 오는 날, 고등학교 교복 차림의 소녀(황위쉬안)가 앞에서 달려가다가 뒤돌아서 쯔웨이를 바라본다.

위쉬안　　　리쯔웨이, 가자!

△ 쯔웨이가 웃으며 소녀를 향해 달려간다.

점프컷

△ 약간의 시간이 흐른 시점. 쯔웨이가 기타를 만지작거리며 '라스트 댄스' 멜로디를 띄엄띄엄 연주한다.

△ 그때, 쥔제가 작업실로 들어와 소파에 앉아 기타를 치며 흥얼거리는 쯔웨이를 본다. 노래의 멜로디는 알아채지 못한 채 쯔웨이의 모습에 화가 나 눈을 흘긴다.

쥔제　　　리쯔웨이, 너도 진짜 너무한다.
　　　　　　　전화를 몇 번이나 했는데도 안 받더니….

빙수 가게 새 간판 디자인 보여준다며? 어디 있는데?

△ 쥔제가 투덜대면서 방금 산 아침밥을 책상 위에 올려놓는다.

△ 여전히 기타만 치고 있는 쯔웨이. 그 모습에 짜증 난 쥔제가 앞으로 다가서고, 그제야 쯔웨이는
쥔제를 바라본다.

쥔제   형씨, 설마 아직인 건 아니지?

△ 동작을 멈추고 고개를 들어 쥔제를 바라보는 쯔웨이.

쥔제   나 오늘 타이난 가야 돼!
쯔웨이   걱정 마, 다 했으니까.
            도련님 분부대로 수정하느라 아침 다 돼서 잤거든.

△ 쯔웨이는 쥔제에게 종이를 건넨다. 책상 위로 스케치 하나가 보이는데, 꿈속에서 빗속을 달리
던 소녀의 뒷모습이다. 쯔웨이가 살피는 듯한 말투로 입을 연다.

쯔웨이   야… 너 요즘도… 천원루랑 연락해?

△ 쥔제는 관심 없는 척하며 고개를 젓는다.

쥔제   뭐? 그건 갑자기 왜?
쯔웨이   아냐.

△ 쯔웨이가 물건을 챙겨 일어난다.

쯔웨이　　　일단 씻으러 간다. 이따 고객 미팅 있어서 나가야 돼.

△ 쯔웨이는 말이 끝나자마자 욕실 방향으로 걸어가다가 갑자기 돌아서서 묻는다.

쯔웨이　　　밀크티에 설탕 넣었지?
쥔제　　　(어이없다는 듯) 당연하지.
쯔웨이　　　(손가락 하트 날리며) 사랑해!

△ 쯔웨이가 떠난 후 쥔제는 천원루라는 이름에 동요한 듯 잠시 생각에 잠긴다.

S#4.

시간 : 아침
실내 : 황위쉬안의 집 침실
야외 : 황위쉬안의 집 밖
연도 : 2009년

△ 위쉬안이 교복 차림으로 가방을 챙기고 있다.

점프컷
△ 위쉬안이 집에서 나와 우산을 쓰고 빗속을 걸어가는 모습이 화면에 들어온다.

S#5.

시간 : 아침

야외 : 리쯔웨이의 작업실 밖 / 거리

연도 : 2009년

△ 약간의 시간이 흐른 시점. 정장으로 차려입은 쯔웨이가 우산을 쓰고 작업실 밖으로 나온다.

△ 비 내리는 거리 풍경 속으로 교복(위쉬안과 같은 성베이 고등학교 교복)을 입은 여학생이 지나간다.

△ 쯔웨이가 여학생을 바라보다 땅에 떨어진 지갑을 발견하고, 얼른 주워서 여학생을 향해 달려
간다.

쯔웨이   학생, 여기 지갑.

△ 지갑을 받으려 고개를 돌린 사람은 낯선 얼굴의 여학생이다.

△ 여학생은 감사 표현 후 떠난다. 그때, 평난 고등학교 교복과 비슷한 교복을 입은 여학생이 쯔웨
이 옆을 지나 달려간다. 여학생의 뒷모습을 바라보던 쯔웨이, 순간 꿈속 장면으로 되돌아간 듯
한데….

△ Insert 쯔웨이의 꿈속 장면. 꽤 큰 비가 내리는 거리, 교복 차림의 위쉬안이 환하게 웃으며 쯔웨
이에게 얼른 오라고 손짓한다.

△ 꿈속 장면을 생각 중인 쯔웨이 얼굴 위로 섭섭함과 함께 그리움이 스친다.

S#6.

시간 : 낮
실내 : 버블티 가게
연도 : 2009년

△ 버블티 가게 안, 쿤부가 주문 들어온 음료를 바쁘게 준비한다.

△ 교복 차림의 위쉬안이 가게 앞으로 다가와 음료를 주문하는 척 장난을 친다.

위쉬안　　안녕하세요. 버블티 한 잔 주세요.

　　　　　　 펄 빼고 우유 빼고 차도 다 빼주세요.

쿤부　　　(알아듣지 못한 채) 네! 곧 나와요!

△ 쿤부가 뭔가 이상하다 싶어 고개 들어보면 위쉬안이 서 있다.

쿤부　　　하, 황위쉬안! 너 뭐야!

　　　　　　 지금 테이크아웃 주문이 스무 잔이나 밀려 있는데!

위쉬안　　(투덜거리며) 스무 잔?

　　　　　　 미리 알았으면 더 늦게 오는 건데….

△ 위쉬안은 마지못해 가게로 들어와 일을 시작한다.

S#7.

시간 : 낮

실내 : 버블티 가게 / 리쯔웨이의 작업실 / 동거하는 집 / 레코드점

야외 : 해변 / 해안 도로

연도 : 2009년

△ 위쉬안이 테이크아웃으로 나갈 음료 준비에 한창이다. 그때, 스피커에서 '라스트 댄스' 멜로디
　가 흘러나온다. 위쉬안은 자연스럽게 멜로디를 따라 흥얼거리다가 순간 자신이 이 노래를 부
　르고 있다는 사실을 깨닫는다.

△ Insert 꿈속 장면. 손님이 없는 레코드점 안에서 위쉬안이 테이프 하나를 음향 기기에 넣는다.
　곧이어 나오는 '라스트 댄스' 멜로디를 따라 흥얼거리며 참고서를 읽는다.

△ 화면이 다시 버블티 가게로 전환되고, 위쉬안은 이 노래가 꿈속에서 들었던 노래라는 걸 깨닫
　는다.

　　위쉬안　　　　이게 무슨 노래지?

△ 위쉬안, 카운터로 가서 모니터를 확인한다.

　　위쉬안　　　　우바이의 '라스트 댄스'….

△ 쿤부가 의아한 표정으로 위쉬안을 바라본다.

　　쿤부　　　　왜, 좋아하는 노래야?
　　위쉬안　　　　그건 아니고… 한 번도 들어 본 적 없는 노랜데,

요즘 꿈에 자꾸 이 노래가 나와서.

쿤부 한 번도 들어본 적 없다고? 근데 방금 이 노래 불렀잖아.

위쉬안 그러니까. 모르는 노래인데 꿈에서 자꾸 들어서 그런가,

노래가 불러지네.

쿤부 진짜 이상하다.

위쉬안 더 이상한 건, 꿈에서 어떤 남자랑 같이 이 노래를 들었단 거야.

쿤부 어떤 남자?

위쉬안 (고개 저으며) 나도 몰라, 모르는 사람이야.

근데 꿈에서 우린 아주 오래 알고 지낸 사이 같았어,

아주 오래 함께한 사이….

△ Insert 쯔웨이의 작업실. 위쉬안이 생일 케이크를 들고 조심스럽게 다가온다. 쯔웨이가 불쑥 손을 뻗어 손가락으로 생크림을 찍더니 위쉬안의 코에 묻힌다.

쿤부 O.S. 와, 왠지 너무 로맨틱해. 그 다음엔?

△ Insert 위쉬안과 쯔웨이가 함께 스쿠터를 타는 모습, 이어폰을 나눠 끼고 있는 모습, 석양을 함께 바라보는 모습 등이 보인다. 해변을 함께 걷는 두 사람의 뒷모습은 점차 멀어지고, 채광 좋은 집에서 거실 정리를 마친 두 사람이 소파 위로 쓰러지는 장면이 이어진다.

위쉬안 O.S. 꿈에서 우린 많은 곳을 함께 다녔어.

나중에는 함께 살게 됐지.

둘이 같이 이사를 하고, 같이 이 노래를 듣고,

또 함께 많은 걸….

△ 위쉬안이 부끄러워서 말을 더 잇지 못한다.

△ 쿤부는 뭔가 감을 잡았다는 표정이다.

쿤부　　　황위쉬안, 야한 꿈 꿨구만….

위쉬안　　야한 꿈이라니? 이상한 소리 하지 마.

쿤부　　　네가 방금 그랬잖아. (위쉬안을 흉내 내며) 많은 곳을 함께 다녔고,

　　　　　　나중에는 함께 살게 됐고, 같이 이사도 하고,

　　　　　　같이 노래도 듣고, 또 함께 아주아주 많은 걸….

위쉬안　　내가 언제 그랬어!

△ 위쉬안은 쿤부와 실랑이를 하느라 가게 앞에 누가 온 것도 알아채지 못한다.

쯔웨이　　O.S. 저기, 실례지만….

△ 위쉬안이 쯔웨이 목소리를 듣고 뒤돌아보자 두 사람은 눈이 마주친다.

△ 낯익은 쯔웨이의 얼굴에 위쉬안은 순간 말문이 막힌다.

△ 쯔웨이 역시 위쉬안을 보자마자 눈을 떼지 못한다. 어리벙벙해 살짝 입이 벌어진다.

△ Insert 레코드점. 펑난 고등학교 교복 차림의 위쉬안이 문밖을 바라보며 웃으면, 문밖에서 펑 난 고등학교 교복 차림의 쯔웨이도 위쉬안을 바라보며 웃는다.

△ 쯔웨이는 순간 자신이 상대방을 한참이나 바라보고 있었다는 사실을 깨닫고, 허둥대며 질문을 던진다.

쯔웨이　　저기, 지금 나오는 노래, 제목이 뭐예요?

△ 위쉬안이 정신을 차리고 담담한 척 쯔웨이에게 대답한다.

위쉬안　　　우바이의 '라스트 댄스'요.

쯔웨이　　　아, 감사합니다. 저… 버블티 한 잔 주세요….
　　　　　　　당도는 100퍼센트에 얼음은 조금만요.

△ 위쉬안은 포스기에 주문을 입력한다는 핑계로 눈길을 피한다.

위쉬안　　　40위안입니다.

△ 쯔웨이가 얼른 돈을 꺼내서 내민다.

쯔웨이　　　저기, 죄송한데… 혹시 언니 있으세요?

위쉬안　　　네?

△ 쯔웨이는 너무 뻔한 작업 멘트라는 걸 깨닫고 부리나케 손을 흔든다.

쯔웨이　　　오해하지 마세요, 작업 거는 게 아니라,
　　　　　　　제 고등학교 동창이랑 너무 닮아서요.
　　　　　　　그래서 물어보는 건데, 정말 언니 없어요…?

△ 분위기가 얼어붙고, 위쉬안은 주문 내역이 적힌 라벨지를 테이크아웃 잔에 붙인다.

위쉬안　　　저 언니 없어요. 40위안 받았습니다.

△ 쯔웨이가 약간 씁쓸한 얼굴로 몇 걸음 물러나 한쪽에 서서 음료를 기다린다.

△ 위쉬안이 음료를 만드는 동안 쯔웨이가 수시로 위쉬안을 곁눈질한다. 위쉬안도 쯔웨이를 흘끗거린다. 쯔웨이는 얼른 시선을 피하지만 입꼬리가 저절로 올라간다.

S#8.

시간 : 낮

실내 : 버블티 가게

연도 : 2009~2010년

△ 배경 음악 삽입.

△ 그날 이후 쯔웨이는 수시로 버블티 가게에 방문하고, 매번 위쉬안을 찾는다.

쯔웨이	안녕하세요, 버블티 한 잔 주세요.
	당도 100퍼센트에 얼음은 조금만요. (여름)
쯔웨이	버블티 한 잔이요. 당도 100퍼센트에 얼음 조금만요. (가을)
쯔웨이	당도 100퍼센트에… 얼음은 조금이요. (겨울)

△ 1년 후 어느 봄날, 쯔웨이가 버블티를 사러 온다. 카운터에는 위쉬안이 아닌 다른 사람이 있다.

△ 살짝 실망한 얼굴의 쯔웨이. 쿤부는 쯔웨이를 보더니 킥킥 웃으며 고개를 돌려 안쪽 주방에서 차를 우리고 있던 위쉬안을 향해 일부러 크게 소리친다.

쿤부	(큰 소리로) 황위쉬안, 여기 스위트 허니 한 잔!

△ 위쉬안이 다가오며 킥킥대는 쿤부에게 눈을 흘긴다. 테이블 위에 놓여 있던 버블티를 들고 아무렇지 않은 척 쯔웨이를 바라본다.

쯔웨이   스위트 허니?

위쉬안   쟤가 헛소리한 거예요. 여기요, 버블티.

△ 쯔웨이가 음료를 받아 든다. 컵에는 귀여운 각설탕 그림이 그려져 있다. 살짝 놀라는 얼굴.

위쉬안   오늘 좀 늦게 와서 얼음이 다 녹았어요… 이건 그냥 드릴게요.

쯔웨이   그럼… 내가 야식 살게요.

위쉬안   아니에요….

쯔웨이   (흔들리지 않고) 10시에 봐요.

△ 쯔웨이가 음료를 들고 자리를 뜬다. 위쉬안이 뒤돌아서는데 입가에 미소가 터져 나오는 걸 참을 수 없다.

쿤부   (흉내 내며) 10시에 봐요.

위쉬안   (부끄러워서 일부러 버럭하며) 뭘 봐!

S#9.

시간 : 밤

야외 : 노점 식당

연도 : 2010년

△ 타이베이의 밤 풍경.

△ 쯔웨이와 위쉬안은 함께 노점 식당에서 루로우판*에 밑반찬을 곁들여 먹는다. 쯔웨이는 위쉬안이 무엇을 좋아할지 몰라서 각종 밑반찬을 상 위로 한가득 주문한다.

△ 위쉬안이 루로우판을 한입 먹더니 만족스러운 듯 고개를 끄덕인다.

쯔웨이	맛있어요?
위쉬안	(끄덕이며) 맛있어요.
	남부에서 먹었던 루로우판이 더 나은 것 같지만요.
쯔웨이	남부 사람이에요?
위쉬안	(고개를 저으며) 전 아닌데, 엄마가 안핑安平 사람이라서
	엄마 따라 자주 갔어요. 갈 때마다 할머니 댁 근처에 있는
	작은 식당에서 루로우판을 먹었는데, 줄이 길어서
	엄청나게 기다려야 했지만 그래도 정말 맛있었어요.
쯔웨이	설마 린가네林家 루로우판 말하는 거예요?
위쉬안	어떻게 알았어요?!
쯔웨이	예전에 융캉永康에 살았을 때 안핑에 자주 놀러
	갔거든요. 대기가 엄청난 루로우판 맛집, 그거 딱 린가네
	루로우판이잖아요.
위쉬안	남부 사람이었구나.
	그럼 바이탕궈**도 당연히 먹어 봤겠네요?
쯔웨이	당연하죠. 고등학교 때, 한동안 거의 출근 도장 찍듯
	사 먹었더니 친구가 저더러 바이탕궈 중독이라고 했다니까요.

* 루로우판(滷肉飯) – 타이완의 돼지고기 덮밥. 간장과 오향 소스에 졸인 돼지고기를 채소 등과 함께 밥에 올려 먹는다.

** 바이탕궈(白糖粿) – 타이완 남부의 길거리 음식. 기름에 튀긴 찹쌀떡 또는 찹쌀 반죽을 설탕 등에 묻혀 먹는다.

위쉬안	맞아요. 정말. 중독되기 딱 좋죠.
	할머니가 돌아가신 후로는 안핑을 도통 못 갔더니 너무
	그리워요. 바이탕궈 말고도 옛 거리에 있는 펑빙*,
	먀오커우廟口에서 파는 옛날식 아이스티,
	야시장에 가면 먹을 수 있는 특대형 스테이크도….

△ 쯔웨이는 안핑의 먹거리를 쫑알쫑알 늘어놓는 위쉬안을 보다 웃음이 터져 나온다.

위쉬안	왜 웃어요?
쯔웨이	아니, 방금 이야기하는 모습 보니까 누가 생각나서요.
위쉬안	이번엔 또 누굴 닮았는데요?
쯔웨이	고등학교 때, 바이탕궈를 사러 갔다가 한 여자아이를
	만났거든요. 엄청 먹고 싶어 하길래 반을 나눠줬는데
	알고 보니 길을 잃었더라고요.

△ 위쉬안은 쯔웨이의 이야기를 듣다가 무언가 떠오르는 듯하다.

쯔웨이	경찰에 도움을 요청하려고 했는데, 경찰 소리를 듣자마자
	놀라서 우는 거 있죠? 결국 제 스쿠터에 태워서 가족을 찾으러
	다녔죠.
위쉬안	(살짝 놀라면서) 그 다음은요?
쯔웨이	그 다음은, 지금 생각해도 좀 웃긴데요. 분명 가족을

---

* 펑빙(椪餅) – 타이난의 특산품. 겉은 바삭하고 속은 공갈빵처럼 비어 있다.

찾아주겠다고만 한 건데 가는 길 내내 먹을 걸 사달라고 조르는
거예요. 그것도 방금 그쪽이 얘기했던 것들요.
무슨 아이스티부터 펑빙, 야시장 스테이크…
거짓말이 아니라 진짜 하나도 안 빼고 전부 다 얻어
먹었다니까요.

△ 이야기를 듣고 있는 위쉬안은 쯔웨이가 바로 자신이 어릴 때 만났던 사람이라는 걸 알아챈다.

△ 쯔웨이는 당시 상황을 회상하는 데 몰입한 나머지 위쉬안의 표정 변화를 발견하지 못한다.

쯔웨이　　　과장이 아니라 진짜예요. 쪼끄만 게 얼마나 잘 먹던지,
　　　　　　　하도 사달라고 조르는 탓에
　　　　　　　내 일주일 용돈을 전부 탈탈 털었다니까요!

△ 위쉬안이 놀란 얼굴로 쯔웨이를 바라본다.

쯔웨이　　　왜 그래요?
위쉬안　　　방금 말한… 그 꼬마, 저인 것 같아요.
쯔웨이　　　네? 설마? 말도 안 돼!

△ 위쉬안이 어릴 때 말투로 말한다.

위쉬안　　　오빠, 나는 황위쉬안이에요. 나 잊으면 안 돼요!

△ 쯔웨이는 소스라치게 놀란 얼굴로 위쉬안을 바라본다.

△ 위쉬안이 휴대폰에서 어릴 적 사진을 찾아 쯔웨이에게 보여준다.

위쉬안	못 믿겠으면, 봐 볼래요?
쯔웨이	(휴대폰 보고) 진짜네!
위쉬안	방금 나보고 먹을 것만 밝히는 돼지라고 한 거죠?
쯔웨이	돼지란 말은 안 했는데요.
위쉬안	했거든요···.
쯔웨이	진짜 안 했어요!

△ 웃으며 장난치는 두 사람. 다음 장면으로 넘어간다.

S#10.

시간 : 낮

야외 : 황위쉬안의 집 밖 / 해안 도로 / 해변

실내 : 갤러리

연도 : 2010년

△ 시간의 경과가 그려진다.

A. 황위쉬안의 집 밖

△ 쯔웨이가 시동을 끈 스쿠터에 앉아서 위쉬안을 기다린다. 후사경을 보며 머리를 정리하는 것
  도 잊지 않는다.

△ 그때, 옷을 갈아 입은 위쉬안이 집에서 나온다.

△ 쯔웨이가 헬멧을 건넨다. 위쉬안이 헬멧을 채우지 못하자 쯔웨이가 다가와 도와준다. 두 사람의 거리가 조금 더 가까워진다.

B. 해안 도로
△ 해수면 위로 석양이 걸려 있다. 쯔웨이가 스쿠터에 위쉬안을 태우고 해변 도로를 달린다.

위쉬안	나 기억해준다더니 전혀 기억 못 한 거네요.
쯔웨이	아니죠, 이렇게 컸는데 어떻게 단번에 알아보겠어요.
위쉬안	그건 그러네….

C. 갤러리
△ 화면이 갤러리에 걸린 그림으로 바뀐다. 쯔웨이가 화면 안으로 들어와 위쉬안을 데리고 갤러리를 천천히 걷는다.

△ 카메라가 계속 앞으로 이동하면 해변을 걷는 두 사람의 모습이 담긴 그림이 보이고, 다음 장면으로 전환된다.

D. 해변
△ 두 사람이 해변을 따라 걷는다. 쯔웨이는 슬쩍 손을 잡고 싶지만 용기가 나지 않는다.

△ 겨우 손을 뻗어 보는데, 그 순간 위쉬안이 모래사장에 떨어져 있는 유목을 발견하더니 잔뜩 들떠서 뛰어간다. 쯔웨이는 민망하지만 아무렇지 않은 척 위쉬안을 뒤따라간다.

△ 두 사람은 유목 위에 앉는다. 쯔웨이는 아까의 실패로 좌절한 얼굴이다. 위쉬안이 쯔웨이의 손 위로 손가락을 살짝 얹는다.

△ 위쉬안의 손가락을 느낀 쯔웨이는 천천히 위쉬안을 바라본다. 위쉬안은 미소를 띤 채 가만히 앞만 바라본다.

△ 수평선을 바라보는 위쉬안의 옆모습을 쯔웨이가 말없이 바라본다.

△ 잠시 후 위쉬안을 따라 쯔웨이도 고요한 해수면을 바라보며 흐뭇하게 웃는다.

S#11.

시간: 밤
야외: 산 위
연도: 2010년 말

△ 새해 전야제가 열리는 산 정상이 사람들로 가득하다. 모두가 새해맞이 불꽃놀이를 감상하며 새해를 멋지게 시작하려고 좋은 자리를 찾는다.

△ 쯔웨이가 위쉬안을 감싸며 인파를 헤치고 걷다가 방향을 튼다.

위쉬안   여기서 보는 거 아니에요?

쯔웨이   나만 믿어요.

△ 쯔웨이가 자신을 따라오라고 손짓한다.

△ 두 사람이 아무도 없는 오솔길에 들어서자 위쉬안은 살짝 걱정스럽다.

위쉬안   곧 카운트다운 시작인데, 늦지 않을까요?

쯔웨이   걱정 말아요, 충분하니까.

△ 쯔웨이는 위쉬안을 보호하며 앞을 막고 있는 풀들을 헤친다. 끝내 두 사람은 높은 전망대에 도

착한다. 주변엔 사람도 없고 시야가 탁 트였다.

위쉬안　　　와!

쯔웨이　　　어때요, 여기 멋지죠?

위쉬안　　　네, 너무 예뻐요….

△ 위쉬안이 눈앞에 펼쳐진 야경을 바라보고 있을 때, 카운트다운이 임박한 듯 가까운 곳에서 사람들의 함성 소리가 들려온다.

쯔웨이　　　사실은 할 말이 있는데….

위쉬안　　　아, 이제 하겠다.

△ 위쉬안이 돌아서서 타이베이101을 보면서 불꽃놀이가 시작되길 기다린다.

쯔웨이　　　사실은요….

△ 흥분에 가득 찬 사람들의 목소리가 저 멀리서 하늘 높이 울려 퍼진다. 다 같이 카운트다운에 들어간다.

사람들　　　십, 구, 팔….

위쉬안　　　잠깐만요, 조금 이따가 얘기해요.

쯔웨이　　　…그래요.

사람들　　　칠, 육, 오….

위쉬안　　　남자 친구랑 처음 맞는 새해라 놓치고 싶지 않아요.

쯔웨이   남자 친구…?

△ 쯔웨이는 순간 무언가 깨닫고 그대로 얼어 버린다.

△ 동시에 새해 카운트다운이 끝나고, 타이베이101의 불꽃 덕에 야경은 더욱 화려해진다.

△ 위쉬안이 조용히 새끼손가락을 쯔웨이의 새끼손가락에 건다. 쯔웨이는 불꽃놀이가 눈에 들어
　오지 않는다.

△ 쯔웨이가 이제 확실히 알았다는 듯 활짝 웃는다.

△ 위쉬안은 활짝 웃는 쯔웨이를 보고 안심한 듯 미소 짓는다.

△ 쯔웨이가 위쉬안을 품에 꽉 안는다. 두 사람은 점점 가까워지고, 잠시 후 서로 입술을 맞댄다.
　키스와 함께 새해가 시작된다.

S#12.

시간 : 낮
실내 : 동거하는 집
연도 : 2013년

△ 가구와 물건들로 어지러운 아파트 안, 쯔웨이와 위쉬안이 새로 산 소파를 함께 거실로 옮긴다.

△ 무거운 물건을 나르자마자 지친 위쉬안이 털썩 자리에 앉는다.

위쉬안   진짜 너무 힘들다! 왜 6층으로 집을 얻은 거야….

△ 쯔웨이가 위쉬안을 덥석 끌어안고 장난스럽게 소파 위로 쓰러진다. 피로가 한순간에 사라
　진다.

점프컷

△ 이삿짐 정리를 마친 두 사람은 하이파이브를 하며 기뻐한다.

△ 화면이 줌아웃 되면, 타이베이 어느 골목 안 건물 옥상 위로 두 사람의 아늑한 집이 보인다.

S#13.

시간 : 낮

실내 : 카페

연도 : 2013년

△ 쯔웨이, 위쉬안, 쥔제 세 사람이 카페에서 식사를 한다. 쥔제는 말없이 위쉬안을 관찰한다.

쥔제	리쯔웨이, 진짜 천원루 동생도 아니고, 친척도 아니래?
쯔웨이	네가 봐도 진짜 똑같지?
	전혀 모르는 사이래, 성격도 완전 딴판이야.
	애가 좀 더 드세… (위쉬안이 노려보면) 알았어, 알았어.
	둘이 인사해.
쥔제	안녕, 나는 모쥔제라고 해. 리쯔웨이랑은 고등학교 동창이야.
위쉬안	안녕, 난 황위쉬안. 근데 방금 얘기했던 그 사람,
	나랑 정말 그렇게 닮았어?

△ 쯔웨이, 쥔제 동시에 고개를 끄덕인다.

△ 쥔제가 휴대폰을 꺼내 사진을 찾는다.

쥔제　　　　한 번 봐 봐.

△ 쥔제가 휴대폰을 위쉬안에게 건넨다. 위쉬안은 원루의 사진을 보고 깜짝 놀라며 감탄한다.

위쉬안　　　진짜 닮았네.

△ 위쉬안은 뭔가 떠오른 듯 눈을 가늘게 뜨고 쯔웨이를 바라본다.

위쉬안　　　혹시 첫사랑 아냐?
쯔웨이　　　아냐! 넘겨짚지 마, 우린 그냥 동창이었어….
　　　　　　　(작은 소리로) 그리고 그때 얘를 좋아한 건….
쥔제　　　　(불쑥) 야! 리쯔웨이, 너 헛소리하지 마.
위쉬안　　　(두 사람을 살피며) 진짜야? …이러면 상황이 어색해지잖아.
쯔웨이　　　걱정 마. 원루는 30대고, 넌 20대잖아.
　　　　　　　걔는 조용한 앤데, 너는 활달하고.
　　　　　　　그리고 넌 눈가에 점이 있는데, 걘 없어.
　　　　　　　또 너는 화를 좀 잘 내고….

△ 위쉬안과 쯔웨이는 장난스럽게 티격태격하고, 쥔제는 한쪽에서 그런 둘을 바라본다.

S#14.

시간 : 밤
실내 : 동거하는 집
연도 : 2013년

△ 둘이 함께 사는 집. 쯔웨이가 피곤한 얼굴로 작업 중이다.

△ 그때, 방금 잠에서 깬 듯한 얼굴로 위쉬안이 살며시 다가와 쯔웨이를 뒤에서 껴안는다.

위쉬안　　　또 일하느라 밤새야 돼?

△ 쯔웨이는 살짝 피곤기가 어린 미소를 띠며 뒤돌아 위쉬안을 바라본다.

쯔웨이　　　응, 마감이 좀 급해서… 왜 그래?

위쉬안　　　악몽을 꿨어.

쯔웨이　　　어떤 악몽?

위쉬안　　　정확히 기억은 안 나는데…

　　　　　　　꿈에서 네가 나를 아주 꽉 안고 있었거든.

　　　　　　　그런데 갑자기 사라져 버렸어….

쯔웨이　　　걱정 마, 꿈일 뿐이야. 난 아무 데도 가지 않을 거야.

△ 쯔웨이가 머리를 위쉬안의 머리에 기댄다. 오른쪽 새끼손가락을 들어 위쉬안의 새끼손가락에 건다.

쯔웨이　　　또 악몽을 꾸더라도, 이렇게 내 손가락을 걸고 있으면 그건 그냥 꿈인 거야.

△ 위쉬안은 그 말대로 자신의 새끼손가락을 쯔웨이의 새끼손가락에 가볍게 건 채 쯔웨이를 껴안는다. 마음이 놓인 듯 두 눈을 감는다.

S#15.

시간 : 아침

실내 : 동거하는 집

연도 : 2017년

△ 테이블 위에 놓인 자명종에 2017년이라고 표시된 연도가 보인다. 그때, 알람이 울린다.

△ 서로 다른 시공간에 있는 위쉬안과 쯔웨이가 환상 속에서 대화를 나눈다.

△ 위쉬안이 혼자 침대에서 일어나 화장실로 들어간다.

△ 출근이 얼마 남지 않은 두 사람이 화장실에서 함께 양치를 한다.

△ 거울에 양치 중인 쯔웨이가 보인다. 변기 위에 앉은 위쉬안은 맥없는 얼굴이다.

위쉬안	리쯔웨이, 나 기분이 안 좋은데 재미있는 얘기 좀 해주라….
쯔웨이	재밌는 얘기? 좋아, 어느 날 만두랑….
위쉬안	아, 제발. 만두랑 국수 어쩌고 하는 재미 없는 말장난 말고….
쯔웨이	왜 그래, 이번 건 진짜 웃겨. 고기만두가 꽃빵이랑 싸우고서….

△ 위쉬안은 쯔웨이를 무시한 채 벌떡 일어선다. 입안의 양치 거품을 뱉고서 화장실에서 나간다.

위쉬안	천천히 얘기해. 난 출근 시간 다 돼서 그만 갈게.

S#16.

시간 : 낮

실내 : 타이베이 회사 사무실

연도 : 2017년

△ 빌딩이 가득한 타이베이의 도심 풍경.

△ 회의실에서 위쉬안이 나^娜 선배와 상하이에서 온 매니저 앞에서 혼자 브리핑을 하고 있다.

△ PPT 화면 위로 데이트 앱의 경쟁사 도표가 보인다.

위쉬안	⋯이번 시즌 업데이트로 저희는 기타 플랫폼과는 확실히 다른 차별성을 확립했습니다. 파트너 매칭과 데이트 기록이라는 형식을 활용하는 것입니다. 매번 데이트 때마다 심장 박동이 기록되고, 이 데이터로 선호하는 데이트 유형을 분석함으로써 사용자가 플랫폼에 좀 더 오래 머물 수 있도록 유도하는 방식입니다.
리사	다른 지역 사용자에 대한 기록도 데이터가 있나요?
위쉬안	있습니다. 매칭 시스템으로 인해 단일 사용자들의 채팅량이 크게 증가하면서 일본과 한국 두 지역의 데이터를 볼 수 있게 되었습니다. 다음은 이번 분기의 성장 수치입니다⋯.

△ 회의가 끝나고, 매니저가 만족한 얼굴로 일어나 위쉬안과 악수를 한다.

리사   이번 시즌 성장세에 회사도 무척 놀랐습니다.

 위쉬안 씨 공이 대단하네요.

위쉬안   아닙니다. 다 함께 개발한걸요.

△ 나 선배가 다가와 위쉬안 어깨에 손을 얹는다.

나 선배   리사, 어떻게 생각해?

리사   내가 이렇게 친히 데리러 왔는데, 물을 게 뭐 있어.

△ 리사가 웃으며 위쉬안 쪽으로 몸을 돌린다. 위쉬안은 무슨 상황인지 살짝 혼란스럽다.

리사   위쉬안 씨, 실은 상하이 지사 개발팀 프로덕트 매니저 자리에

 공고가 났는데, 우리 둘 다 위쉬안 씨를 추천하기로 했어요.

 상하이 지사도 위쉬안 씨를 기다리고 있고요.

△ 위쉬안은 놀라고 흥분된 마음을 숨기기 힘들다. 살짝 고민이 들지만 내색하지 않는다.

위쉬안   두 분 다 저를 믿어주셔서 감사해요.

 쉽게 오지 않는 기회라는 건 알지만,

 상하이 전근은 생각할 시간이 좀 필요할 것 같아요….

나 선배   위쉬안, 이건 기회야….

| 위쉬안 | 알아요. 선배. 진지하게 생각해 볼게요. |

△ 리사는 이해한다는 눈빛으로 호탕하게 위쉬안의 어깨를 툭 친다.

리사	어차피 여기서 며칠 더 있을 거니까 걱정 말아요.
	일단 생각해 보고 며칠 내로 말해줄래요?
위쉬안	네.
리사	함께 일할 수 있으면 좋겠네요.

△ 나 선배와 리사가 회의실을 나가고, 위쉬안 혼자 남는다.

S#17.

시간 : 낮

실내 : 타이베이 회사 식당

연도 : 2017년

△ 휴게 공간에서 위쉬안이 휴대폰을 들고 있다. 약간 무너지듯 의자에 반쯤 기대어 앉아 멍하니 휴대폰을 들여다본다.

△ 나 선배가 따뜻한 아메리카노를 위쉬안 앞에 내려놓는다. 위쉬안은 나 선배인 걸 확인하고서 안도의 숨을 내쉬며 커피를 받는다.

| 나 선배 | 고민 상담이 필요하지? |

위쉬안	선배, 귀신이네요….
나 선배	너도, 참. 내가 그 정도도 모를까 봐?

△ 나 선배는 직속 상사지만 진심 어린 마음으로 위쉬안에게 조언을 건넨다.

나 선배	해외 전근을 생각하면 누구나 걱정부터 들지.
	하지만 쉽게 나는 자리도 아니고,
	네 능력을 생각하면 놓치기 아까운 기회야.
위쉬안	저도 알아요. 근데 최소 2년은 거기 있어야 하는 거니까….
나 선배	난 말이지, 지금 자기 같은 나이는,
	자신을 위해서 용감하게 부딪쳐 봐야 할 때라고 생각해.
위쉬안	자신을 위해서….
나 선배	결과가 어떨지는 일단 가 봐야 알잖아.
	새로운 환경에서 능력을 한번 제대로 발휘해 봤으면 좋겠어.

△ 위쉬안이 망설이자 나 선배는 잘 생각해 보라는 말과 함께 위쉬안의 어깨를 톡톡 두드린 뒤 밖으로 나간다.

△ 위쉬안이 고민스러운 얼굴로 한숨을 내쉰다. 휴대폰을 다시 집어 들더니 쯔웨이에게 메시지를 보낸다.

위쉬안	**V.O.** 오늘 저녁 같이 먹자, 7시로 예약할게.

△ 쯔웨이의 답을 기다리지 않고, 위쉬안은 곧바로 일어서서 사무실로 향한다.

S#18.

시간 : 낮
실내 : 리쯔웨이의 작업실
연도 : 2017년

△ 쯔웨이가 작업실에서 그림을 그리다가 갑자기 자와 펜을 멈춘다.

△ 피곤한 듯 한숨을 쉬더니 의자 등받이에 기댄다. 휴대폰을 보려고 고개를 돌리는데 휴대폰이 보이지 않는다.

△ 쯔웨이가 이리저리 살펴보다가 등 뒤에 놓인 작은 테이블 위에서 휴대폰을 발견한다. 다가가 휴대폰을 집어 들어 메시지를 확인하고는 웃는다. 바로 답장을 쓴다.

    쯔웨이   방금 미팅 때 고객이 추천해준 식당 있는데, 거기 가 볼까?

△ 쯔웨이가 휴대폰을 내려놓고 일을 계속한다.

S#19.

시간 : 밤
실내 : 전망 좋은 레스토랑
연도 : 2017년

△ 레스토랑에서 쯔웨이와 위쉬안이 마주 보고 앉아 식사한다. 쯔웨이가 음식을 먹으며 위쉬안에게 오늘 있었던 업무 이야기를 한다.

쯔웨이   나는 이번 주면 끝날 줄 알고 샤오장 쪽 일을 받아 놨는데,

독일 쪽에서 새로운 수정안을 또 보내온 거야.

정말 골칫거리네, 정신이 없어….

△ 쯔웨이가 이야기를 하는 내내 위쉬안은 상하이 전근 문제로 마음이 다른 곳에 가 있다.

위쉬안   사실은 할 말이 있어.

쯔웨이   무슨 일인데?

위쉬안   나 상하이로 전근을 가게 될 것 같아. 짧으면 2년 정도.

△ 쯔웨이는 위쉬안의 말을 듣고 잠시 생각에 빠졌다가, 다시 정신을 차리며 미소 짓는다.

쯔웨이   좋은 소식이네. 진작 얘기하지 그랬어. 오늘 같이 축하하면

되겠다.

△ 쯔웨이가 와인 잔을 들어 올려 한 모금 마신다. 위쉬안은 그런 쯔웨이를 멍하니 바라보다가 천천히 잔을 들어 올려 가볍게 입에 댄다.

쯔웨이   나는 걱정하지 마. 그냥 이것만 알아줘.

네가 무슨 결정을 하든 난 언제나 네 편이야.

S#20.

시간 : 밤

실내 : 동거하는 집

연도 : 2017년

△ 약간의 시간이 흐르고 동거하는 집의 밤 풍경.

△ 서로 다른 시공간에 있는 위쉬안과 쯔웨이가 환상 속에서 대화를 나눈다.

△ 위쉬안 혼자 옥상에 앉아 야경을 바라보며 생각에 잠긴다. 휴대폰을 들고 메시지를 입력한다.

위쉬안   **V.O.** 만약, 네가 보고 싶으면 어쩌지?

△ 위쉬안이 집 안에 있는 쯔웨이 쪽으로 고개를 돌린다.

△ 작업대 앞에 앉아 일하던 쯔웨이는 메시지 알림을 듣고 휴대폰을 확인한다. 살며시 미소를 지
  으며 답장을 쓰기 시작한다.

쯔웨이   **V.O.** 난 네가 보고 싶을 때 이 노래를 들어.

          이 노래가 널 찾게 해줬거든….

△ 쯔웨이가 메시지를 다 작성하고, 둘을 만나게 했던 '라스트 댄스'를 재생한다.

△ 음악을 따라 위쉬안이 그리움 가득한 얼굴로 일어서서 쯔웨이를 향해 다가온다.

△ 책상 앞에서 쯔웨이가 고개를 들어 위쉬안을 바라본다.

△ 두 사람이 통유리창을 사이에 두고 서로를 바라본다. 웃는 얼굴 위로 어렴풋하게 슬픔이 스
  친다.

S#21.

시간 : 낮
실내 : 상하이 회사 사무실
연도 : 2017년

△ 비행기가 날아오는 풍경과 상하이의 도심 풍경.

△ 쑹제가 위쉬안을 데리고 사무실로 들어온다. 궁금한 듯 바라보는 동료들 옆을 지나간다.

    쑹제   리사 선배가 출장을 가면서 저한테 위쉬안 씨를 잘 챙겨주라고
                     부탁했어요. 저는 양하오 본부장님 비서 쑹제라고 해요.

△ 쑹제가 위쉬안을 자리로 안내한다.

    쑹제   여기가 위쉬안 씨 자리예요.
                     천천히 정리하고 궁금한 거 있으면 물어보세요.

△ 위쉬안은 책상을 정리하면서 자신을 의문스럽게 바라보는 쑹제의 눈빛을 느낀다. 그때 양하오
가 지나간다.

    쑹제   본부장님.

△ 양하오가 발걸음을 멈추고 돌아서서 쑹제에게 다가온다. 위쉬안도 고개를 돌려 바라본다.

쑹제	소개해 드릴게요, 이쪽은 새로 오신 개발팀 팀장님이에요.
위쉬안	(악수하며) 황위쉬안입니다.
양하오	(악수하며) …마케팅팀 팀장, 양하오입니다.

△ 위쉬안은 악수하는 찰나 양하오 손에서 결혼반지를 발견한다.

양하오	리사한테 들었습니다. 직접 만드신 데이트 기록 섹션과
	커플 매칭 조건이 아주 흥미롭더라고요.
	언제 기회 되면 이야기 나누죠.
위쉬안	네, 감사합니다, 본부장님.
쑹제	그럼 위쉬안 씨는 정리하고 계세요.
	본부장님, 회의 시간 다 됐습니다.

△ 양하오는 쑹제와 회의실로 향하면서 고개를 돌려 위쉬안을 흘끗 쳐다본다.

△ 위쉬안은 양하오의 눈길을 눈치채지 못한 채 책상 사진을 찍어 쯔웨이에게 보낸다.

위쉬안	v.o. 내 책상이야, 멋지지.

S#22.

시간 : 낮

실내 : 상하이 회사 휴게실

연도 : 2017년

△ 테이블 위로 태블릿 PC와 업무 자료가 놓여 있고, 위쉬안은 샌드위치를 입에 문 채 메모 중
  이다.

△ 눈앞에 커피 두 잔이 등장한다. 위쉬안이 고개 들자 양하오가 서 있다.

양하오　　따뜻한 아메리카노와 따뜻한 라떼. 하나 고르시죠?

위쉬안　　아메리카노요. 감사합니다.

△ 양하오가 커피를 위쉬안에게 건넨 뒤 가까이에 앉는다.

양하오　　업무는 할 만해요?

위쉬안　　그런대로요. 회의 분위기가 참 적극적이더라고요.

　　　　　　의견들이 다양하긴 했지만 다들 토론에 열심이었고요.

양하오　　다행이네요. 저녁에는 환영회를 준비했어요.

　　　　　　쑹제가 동료들을 많이 소개해줄 거예요. 그래야 금방 친해지죠.

위쉬안　　그렇게까지 안 하셔도 되는데.

양하오　　사양할 거 없어요.

　　　　　　앞으로 위쉬안 씨에게 요청할 일이 많을 겁니다.

위쉬안　　감사합니다, 본부장님.

△ 그다지 멀지 않은 곳에서 쑹제가 샌드위치를 먹으며 유리창 너머로 양하오와 위쉬안이 대화하
  는 모습을 바라본다. 또 다른 동료 자오쉐가 흥미로운 듯 다가온다.

자오쉐　　또 본부장님 보는 거야?

쑹제　　　(당황하며) 뭐래.

자오쉐	뉴페이스가 낚아채 가기라도 할까 봐?
쑹제	본부장님 유부남이거든, 허튼소리 하지 마.
	난 그냥 존경 같은 거야, 다른 뜻은 없어.
자오쉐	(흉내 내며) 난 그냥 존경 같은 거지···.
	여자가 혼자 그렇게 마음을 퍼부어 봤자 결국은 쥐뿔도 없다.
쑹제	야!!!

△ 쑹제가 자오쉐를 쫓아가며 소란을 피운다.

S#23.

시간 : 저녁

실내 : 노래방 / 오피스 빌딩의 중앙 엘리베이터

연도 : 2017년

△ 위쉬안과 상하이 지사 직원들이 노래방에서 잔을 들고 환영회 중이다.

쑹제	다시 한번 위쉬안 씨를 환영하며!
모두	건배!

△ 모두가 환호하며 건배한다.

△ 모두 음주가무를 즐기며 한껏 신이 난 모습을 몽타주로 구성.

△ 쑹제가 양하오, 자오쉐, 위쉬안을 잡아 끌며 단체 사진을 찍는다. 사진을 찍은 후 자오쉐가 쑹

제의 휴대폰을 낚아챈다.

자오쉐	(쑹제에게 조용히) 내가 포토샵으로 황위쉬안 지워줄게.
	너랑 본부장님 둘이서만 찍은 것처럼.
쑹제	(실랑이하는) 야, 이리 안 내놔!

△ 이어서 다음 곡이 흘러나온다. 위쉬안이 일어서서 마이크를 받아 들고 발라드를 부르기 시작한다.

점프컷

△ 위쉬안의 노랫소리와 함께 장면이 전환된다. 위쉬안이 노래방 복도에서 휴대폰을 들고 쯔웨이에게 메시지를 보낸다. 양하오가 다가오지만 눈치채지 못한다.

양하오	O.S. 남자 친구한테 보고 중이에요?
위쉬안	… (휴대폰을 넣으며, 미소로 대답한다)
양하오	장거리 연애라면 나도 잘 알죠. 나랑 아내가 그랬거든요.
위쉬안	두 분도 떨어져서 지내세요?
양하오	결혼 전엔 그랬죠. 난 상하이 출신이고,
	아내는 위쉬안 씨랑 고향이 같거든요.
위쉬안	그럼 두 분은 어떻게 만나셨어요? 일 때문에?
양하오	(고개를 끄덕이며) 2001년 타이베이에서 일할 때 알게 됐어요.
	근데 그때는 아무 일 없이 헤어졌죠.
	상하이로 돌아온 후로 자꾸 생각나더라고요.
	다시 만나고 싶었는데 하필이면 연락처도 없었어요.

△ **Insert** 양하오가 엘리베이터 앞에 선다. 엘리베이터 문이 열리자 안에 사람이 가득하다. 기다렸다 다음에 타려던 양하오는 엘리베이터 문이 닫히려는 순간 엘리베이터 안에서 익숙한 실루엣을 발견한 후 다급히 손을 뻗어 입구를 비집고 들어간다.

△ 양하오 뒤쪽으로 고개 숙인 여자가 보인다. 여자는 양하오가 엘리베이터에 타는 걸 보지 못한다(여자의 얼굴은 카메라에 잡히지 않는다).

양하오　　　**O.S.** 그런데 어느 날, 황푸黃浦에 회의를 갔다가

　　　　　　엘리베이터 안에서 그 사람을 만났어요.

△ 노래방 현장.

위쉬안　　정말요? 그분이 상하이에 오신 거예요?

양하오　　네. 상하이로 발령 받아서 첫 출근하던 날인데

　　　　　　건물을 잘못 들어온 거였대요.

위쉬안　　그런 우연이! 두 분 다시 만날 운명이었나 봐요.

△ **Insert** 여자는 아직도 양하오를 알아보지 못한 채 엘리베이터에서 내린다. 양하오는 여자의 뒷모습을 바라보면서 뒤따라간다(여자의 얼굴은 여전히 카메라에 잡히지 않는다).

양하오　　　**O.S.** 그럴지도 모르죠. 이번엔 놓치기 싫어서 엘리베이터에서

　　　　　　내린 다음에 그 사람을 불렀어요. 용기 내서 연락처도 얻고요.

△ 양하오와 위쉬안이 이야기를 나누며 노래방 입구로 걸어간다.

양하오	그 뒤로 오래지 않아 가까워지고,
	연애하다, 결국 결혼까지 했어요.
	모든 게 그렇게 우연이었네요.
위쉬안	단순히 우연만은 아니었을 거예요.
	두 분이 서로를 그리워하니까 결국 만나게 된 거죠.
양하오	(웃으며) 그런가요?
위쉬안	(웃으며) 그럼요.

△ 양하오가 문을 열고 노래방 안으로 위쉬안과 함께 들어간다.

S#24.

시간 : 밤

실내 : 황위쉬안의 상하이 거처 / 동거하는 집 / 타이베이 회사 사무실 / 전망 좋은 레스토랑

연도 : 2017년

△ 음악이 계속 이어진다. 위쉬안은 이미 혼자 상하이 거처로 돌아와 있다.

△ 위쉬안이 잠옷 차림으로 욕실에서 나온다. 젖은 머리를 수건으로 닦고 있는 걸 보아 방금 샤워를 마친 모습.

△ 침대 위로 쓰러져 휴대폰으로 쯔웨이가 보낸 메시지를 확인한다. 생기 없는 표정과 우울한 기색이 환영회 때와 사뭇 다르다.

△ 휴대폰에서는 쯔웨이가 보낸 영상 메시지가 재생되고 있다. 쯔웨이가 졸음 가득한 눈으로 카메라를 바라본다.

쯔웨이	굿모닝!
위쉬안	굿모닝.
쯔웨이	아니지, 로스앤젤레스가 아침 7시니까 거긴 저녁이겠다.
	'굿이브닝'이라고 해야 맞겠네….
위쉬안	굿이브닝.
쯔웨이	그냥 이 말을 하고 싶었어. 방금 꿈에 네가 나왔거든…
	보고 싶다… 조금만 기다려.

△ 영상이 끝나고 위쉬안이 어두운 표정으로 쯔웨이와의 대화창을 살펴본다. 손가락으로 대화창을 위로 올리는데, 전부 위쉬안 혼자 보내 놓은 메시지뿐이고, 죄다 '읽지 않음' 상태다.

△ 점점 더 빨라지는 위쉬안의 손가락을 따라 읽지 않은 메시지가 끝없이 보인다. 2017년, 2016년, 2015년에 이르기까지 쯔웨이의 답장은 보이지 않는다.

△ 대화창이 2014년 7월 9일에서 멈춘다. 쯔웨이가 위쉬안에게 보낸 마지막 메시지가 보인다.

△ 긴장감 도는 사운드트랙과 함께 이전에 보이지 않았던 화면들이 빠르게 플래시백으로 전개된다.

△ 위쉬안이 목발을 들고 거실 구석에서 괴로운 얼굴로 쯔웨이의 책상을 바라본다.

A. 동거하는 집

△ 위쉬안이 비닐봉지에 포장한 음식을 테이블 위에 올려 놓는다.

△ 무의식 중에 주방에서 수저를 두 개 챙겨 나오다가 자신이 혼자라는 걸 문득 깨닫는다.

△ 손에 든 수저를 바라보다 그대로 의자에 앉는다. 두 사람 분량의 밥을 꺼내 먹기 시작한다.

△ 위쉬안은 심지어 쯔웨이의 빈자리를 보면서 대화한다. 쯔웨이가 그곳에 있다고 상상하면서….

B. 동거하는 집
△ Insert S#15. 위쉬안이 변기 위에 앉아 쯔웨이와 대화하듯 말하지만 그곳엔 아무도 없다.

위쉬안　　　리쯔웨이, 나 기분이 안 좋은데 재미있는 얘기 좀 해주라….

C. 타이베이 회사 사무실
△ Insert 사무실 한쪽. 나 선배가 위쉬안을 바라보며 부드럽지만 단호한 말투로 말한다.

나 선배　　　위쉬안, 벌써 3년이야. 그 사람이 살아 있었다면,
　　　　　　　자기 때문에 이런 좋은 기회를 포기하길 바랐을까?

D. 전망 좋은 레스토랑
△ Insert 전망 좋은 레스토랑 안. 위쉬안이 딴 데 정신이 팔린 듯한 얼굴로 접시 위에 담긴 음식을 만지작거린다.

△ 측면에서 바라보면 위쉬안 혼자 앉아 있다.

△ 와인을 마시는 위쉬안의 표정이 우울하게 바뀐다.

위쉬안　　　선배한테 그 이야기를 듣는데, 가장 먼저 네 생각이 나더라….

E. 동거하는 집
△ Insert 위쉬안이 '만약, 네가 보고 싶으면 어쩌지?'라고 메시지를 보내지만, 아무런 답이 없다.

△ 위쉬안이 옥상에 서서 텅 빈 쯔웨이의 자리를 바라본다.

△ 화면이 어두워지며 장면이 전환된다.

S#25.

시간 : 낮
실내 : 영안실
야외 : 폐건물 밖
연도 : 2014년

쮜제   o.s. 그날 있었던 사고, 정말 기억 안 나?

△ 자막 : 3년 전, 2014년 7월 12일

△ 쮜제가 위쉬안이 앉은 휠체어를 밀며 영안실에 도착한다.

△ 위쉬안이 용기 내어 하얀 천을 힘겹게 걷으면, 평온하게 눈을 감은 쯔웨이가 보인다.

△ 위쉬안이 믿을 수 없다는 얼굴로 눈물을 흘린다.

쮜제   o.s. 네가 공사장 건물에서 떨어졌고,

            리쯔웨이가 널 잡으려다 결국 둘이 같이 떨어진 거야….

A. 폐건물 밖

△ Insert 쯔웨이와 위쉬안이 피가 낭자한 바닥 위에 쓰러져 있다. 위쉬안은 이미 정신을 잃은 상태. 쯔웨이는 피를 토하며 고개를 돌려 위쉬안의 얼굴을 바라본다. 위쉬안의 얼굴을 어루만지다 마지막 숨을 토한다.

S#26.

시간 : 밤

실내 : 황위쉬안의 상하이 거처

연도 : 2017년

△ 다시 현재. 위쉬안이 반듯하게 누워 있다가 몸을 한껏 웅크린다. 쯔웨이의 영상이 흘러나오는 휴대폰을 품에 안는다.

쯔웨이	방금 꿈에 네가 나왔는데….
위쉬안	나도 꿈에 네가 나왔어.
쯔웨이	보고 싶다….
위쉬안	나도 보고 싶어….
쯔웨이	오늘 저녁 비행기로 가니까 곧 만날 수 있겠네. 조금만 기다려.
위쉬안	응….

△ 영상이 끝나고 화면이 멈추자 위쉬안은 아쉬운 듯 재생 버튼을 다시 누른다.

△ 위쉬안은 영상 속에서 쯔웨이의 이야기를 다시 한 번 듣고, 울면서 대답하다 잠이 든다.

S#27.

시간 : 낮

실내 : 상하이 회사 사무실 / 동거하는 집 / 폐건물 밖

야외 : 거리 / 해변

연도 : 2017년

△ 상하이의 한낮 풍경.

△ 위쉬안이 바깥에서 점심을 포장해 사무실로 들어온다. 책상 위에 소포 상자가 놓여 있는 걸 발견하고 어리둥절한 얼굴.

△ 상자를 열어 작은 스티로폼 공 사이로 테이프가 든 워크맨을 발견한다.

△ 워크맨 안에는 우바이의 앨범 테이프가 있다. 위쉬안이 상자를 다시 살펴보지만 발신자 정보를 찾을 수 없다. 누가 보낸 건지 알 수 없어 어안이 벙벙한 채 주위를 둘러본다.

△ 호기심에 이어폰을 귀에 꽂고 워크맨의 재생 버튼을 누르는 위쉬안. 익숙한 멜로디가 이어폰을 타고 흘러나오고, 동시에 수많은 추억이 떠오른다.

△ 그때, 갑자기 닥쳐오는 현기증에 위쉬안은 눈을 감고 책상 위로 엎어진다.

△ 추억들이 주마등처럼 위쉬안의 머릿속을 빠르게 스친다(다양한 장면 삽입).

△ **Insert** 위쉬안과 쯔웨이가 처음 만난 순간. 쯔웨이의 목소리에 위쉬안이 돌아보고, 둘은 서로 마주본다.

△ **Insert** 위쉬안과 쯔웨이가 동거하는 집을 꾸미다가 장난친다.

△ **Insert** 해변에서 위쉬안의 옆모습을 미소 띤 채 조용히 바라보는 쯔웨이.

쯔웨이　　　　O.S. 악몽 꿨어? 걱정 마, 꿈일 뿐이야.

　　　　　　　　난 아무 데도 가지 않을 거야.

△ **Insert** 위쉬안이 쯔웨이를 뒤에서 안으면, 쯔웨이가 새끼손가락을 위쉬안의 새끼손가락에 건다.

△ 위쉬안의 추억을 따라 음악이 계속 재생된다. 위쉬안의 눈꺼풀이 불안한 듯 떨린다.

△ **Insert** 폐건물 옥상, 위쉬안이 손에 유리 조각을 들고 있다.

△ **Insert** 폐건물 옥상, 쯔웨이가 무언가를 잡으려 있는 힘을 다해 앞으로 달려든다.

△ **Insert** 폐건물 옥상, 누군가(원루)의 손이 또 다른 누군가(위쉬안)의 손을 잡으려 애쓰지만 놓치고 만다.

쯔웨이　　　　**O.S.** 황위쉬안!

△ **Insert** 폐건물 옥상에서 위쉬안이 떨어진다. 퍽 하는 소리와 함께 바닥으로 떨어지는 두 사람.

△ 화면이 어두워진다.

S#28.

시간 : 낮
실내 : 천원루의 타이베이 집 / 천원루가 일하는 레코드점 / 카페
야외 : 거리 / 기차역 앞 / 공연장 앞
연도 : 2014년

△ 책상에 엎드린 채 깊은 잠을 자던 원루(실제 황위쉬안)가 갑자기 잠에서 깬다. 두통이 느껴지는 동시에 원루의 기억으로 보이는 일련의 장면들이 빠르게 스치며 원루(실제 황)의 머릿속으로 이식된다.

△ **Insert** 원루 혼자 타이난의 시골길을 걷는 장면(1999년).

△ **Insert** 시점 숏으로 원루의 일기장을 쭉 훑는다.

△ **Insert** 쥔제가 타이베이로 가는 원루를 배웅하는 장면.

△ **Insert** 원루가 손에 든 콘서트 티켓을 바라보며 밝게 웃는다.

△ **Insert** 누군가(양하오)가 콘서트 티켓을 긴장한 듯 손에 쥐고 있다.

△ **Insert** 호우가 내리는 공연장 앞, 윈루는 혼자 누군가를 기다리고 있다. 그때 한 남자가 윈루 앞에 나타난다.

△ **Insert** 윈루가 레코드점에서 테이프를 정리하는 모습.

△ **Insert** 윈루가 혼자 책상 앞에 앉아 일기를 쓰는 모습.

△ 화면이 현재로 돌아오고 정신을 차린 윈루(실제 황)는 두통이 느껴지는 듯 머리를 만진다.

윈루(실제 황)　　이 기억들은 뭐지?

△ 그때, 무언가를 감지한 윈루(실제 황)는 주변을 쓰윽 훑으며 낯선 공간을 관찰한다.

윈루(실제 황)　　여기가 어디지…?

△ 윈루(실제 황)는 자신이 있는 공간이 익숙하고도 낯설다.

△ 화장대 거울을 바라보고는 달라진 차림새에 놀란다(얼굴은 같다).

△ 여러 번 거울을 살펴보는 윈루(실제 황), 무언가 실마리를 찾아보려 한다. 그때, 한쪽에 놓여 있던 휴대폰이 울리기 시작한다. 윈루(실제 황)가 휴대폰을 바라보며 망설이다가 전화를 받는다.

윈루(실제 황)　　여보세요?

동료　　　　　**O.S.** 천원루 씨?

△ 윈루(실제 황)는 전화기 너머로 들려오는 '천원루'라는 이름에 순간적으로 멈칫한다.

동료	O.S. 지금이 몇 신데 여태 출근도 안 하고 대체 어디예요?
	오늘 제안서 제출한다면서요? 편집 회의 벌써 끝났어요.

△ 어찌해야 할지 모르는 윈루(실제 황), 다급히 전화를 끊어 버린다.

윈루(실제 황)	천윈루⋯?

△ Insert 타이난의 골목길. 고등학교 교복 차림을 한 윈루, 쯔웨이, 쥔제가 수업이 끝나고 함께 집으로 걸어가는 장면 짧게 삽입.

△ Insert 카페에서 위쉬안은 윈루의 사진을 보고 자신과 너무 닮아 깜짝 놀란다.

쯔웨이	윈루는 30대고, 넌 20대잖아. 걔는 조용한 앤데, 너는
	활달하고. 그리고 넌 눈가에 점이 있는데, 걘 없어⋯.

S#29.

시간 : 낮

실내 : 천윈루의 타이베이 집 / 영안실

야외 : 폐건물 밖

연도 : 2014년

△ 다시 현재. 거울에 비친 자신의 얼굴을 바라보고 있는 윈루(실제 황). 위쉬안 얼굴에 있던 점이 보이지 않는다.

원루(실제 황)   내가… 천원루라고? 내가 어떻게 천원루라는 거야….

△ 원루(실제 황)는 외출용 가방 안에서 멤버십 카드와 회사 ID카드를 꺼낸다. 카드에 적힌 정보와 사진들이 전부 원루인데….

△ 원루(실제 황)가 휴대폰을 집어 들자 잠금 화면이 보인다. 손가락을 올리자마자 지문이 인식되면서 잠금 상태가 해제된다. 입을 틀어막는 원루(실제 황), 자신이 정말 원루가 되었다는 사실을 믿기 어렵다.

△ 휴대폰 화면 위로 2014년 7월 8일이라는 날짜가 보인다.

원루(실제 황)   2014년… 7월 8일… 올해는 2017년인데…?

△ 원루(실제 황)는 자신이 전혀 다른 시공간으로 와 있다는 사실이 믿기지 않는다.

원루(실제 황)   이게 어떻게 된 거지?! 점점 더 이해가 안 돼….

△ 침대에 걸터앉은 원루(실제 황)는 아무리 생각해도 상황이 믿기지 않는다. 그 순간, 갑자기 무언가 떠오른다.

△ 휴대폰으로 다시 확인한 오늘 날짜는 분명 2014년 7월 8일이다.

원루(실제 황)   잠깐… 7월 8일이면….

△ 순간 무언가 생각나는 원루(실제 황).

△ **Insert** 쯔웨이가 위쉬안에게 보낸 마지막 메시지에 적힌 날짜, 2014년 7월 9일.

△ **Insert** 영안실, 하얀 천 아래에 차디찬 쯔웨이가 누워 있다.

△ Insert 폐건물 밖, 온몸이 피로 물든 쯔웨이가 위쉬안을 안고 있다.

△ 다시 현재. 윈루(실제 황)는 자신을 깨물어 보지만 꿈에서 깨어나는 일 같은 건 일어나지 않는다. 오히려 느껴지는 통증에 악 소리를 낸다.

S#30.

시간 : 낮
실내 : 마음의 방
연도 : 2014년

△ 그때, 마음의 방에서 윈루가 통증을 느끼는 듯 침대에서 일어난다.

△ 윈루는 자신이 거대한 공간 안에 있다는 걸 깨닫는다. 천장은 마치 연못과 같고 자신은 그 연못 바닥에 있는 듯한데 물이 떨어지지는 않는다. 고요하나 간혹 잔물결이 이는 수면 위로 위쉬안의 기억이 일렁인다.

△ 윈루는 가만히 바라보다 익숙한 모습을 발견한다. 쯔웨이와 쥔제 그리고….

S#31.

시간 : 낮
실내 : 천윈루의 타이베이 집
연도 : 2014년

△ 다시 현재. 윈루(실제 황)는 뭔가 깨달은 듯하다.

원루(실제 황)　　이게 꿈이 아니라면…

　　　　　　　　사고가 일어나기 전으로 정말 돌아왔다는 말이잖아…

　　　　　　　　그렇다면….

△ 원루(실제 황)는 잠시 생각하더니 이내 뭔가를 결심한 듯 쯔웨이에게 전화를 건다.

원루(실제 황)　　제발 전화 좀 받아….

△ 수화기 너머로 전화 연결음이 계속 들린다. 원루(실제 황)는 더 이상 참지 못하고 열쇠와 지갑을
챙겨 밖으로 나간다.

S#32.

시간 : 낮

야외 : 리쯔웨이의 작업실 밖

연도 : 2014년

△ 쯔웨이의 작업실 밖에서 원루(실제 황)가 계속 초인종을 누르며 건물 안을 힐끗거린다.

△ 잠시 후, 문이 열린다. 원루의 눈에 아직 잠에서 덜 깬 듯한 쯔웨이가 보인다.

△ 어리둥절한 쯔웨이가 원루(실제 황)를 바라본다.

쯔웨이　　　천원루?

△ 쯔웨이가 반응을 보이기도 전에 윈루(실제 황)가 후다닥 다가가 쯔웨이를 꽉 끌어안는다.

△ 쯔웨이는 윈루(실제 황)의 갑작스러운 포옹에 당황한다.

△ 윈루(실제 황)는 쯔웨이를 끌어안은 채 2년여 간의 그리움으로 주체할 수 없이 울기만 할 뿐, 아무 말도 하지 못한다.

△ 쯔웨이는 자신을 안고 엉엉 우는 윈루(실제 황)를 바라보며 그녀를 밀어내는 것도 아니고 안고 있는 것도 아닌 어정쩡한 자세를 취한다. 손은 일부러 공중에 든 채 매너를 지킨다.

쯔웨이　　　(어찌할 바를 모르며) 할 말 있으면 말로 하자….

△ 쯔웨이의 표정이 아까보다 더 난감해진다. 화면이 바뀌면 도시락을 손에 든 쥔제와 위쉬안(실제 천원루)이 각각 다른 방향에서 걸어오고 있다.

△ 쥔제와 위쉬안(실제 천)은 쯔웨이를 안고 우는 윈루(실제 황)를 보자 어안이 벙벙하다.

쯔웨이　　　(억울한 듯) 둘 다 그런 눈으로 보지만 말고…

　　　　　　　얼른 좀 도와줘….

△ 쯔웨이의 품에서 고통스럽게 우는 윈루(실제 황)의 모습에서 다음 장면으로 전환.

S#33.

시간 : 낮

실내 : 리쯔웨이의 작업실 / 동거하는 집

연도 : 2014년

△ 네 사람이 리쯔웨이의 작업실 안으로 모인다. 원루(실제 황)는 많이 진정된 상태.

쯔웨이　　　그러니까, 7월 10일에 내가 죽을 건데

　　　　　　　위쉬안도 함께 떨어진다는 거지?

△ 심각한 듯 고개를 끄덕이는 원루(실제 황).

쯔웨이　　　천원루, 장난도 정도가 있지….

원루(실제 황)　물론 믿기지 않겠지. 황당한 소리라는 것도 알아.

　　　　　　　나도 이게 어떻게 된 건지 모르겠지만,

　　　　　　　난 진짜 천원루가 아니라 황위쉬안이라니까….

쥔제　　　네가 황위쉬안이면, 그럼….

△ 쯔웨이와 쥔제가 가까이에 있는 위쉬안을 응시한다. 위쉬안(실제 천)도 어떻게 해야 할지 난감한 얼굴로 원루(실제 황)를 쳐다본다.

원루(실제 황)　모쥔제, 내가 천원루 기억속에서 너희 둘이

　　　　　　　같이 있는 모습을 봐서 아는데, 남들 시선에 그렇게 예민한

　　　　　　　천원루가 지금 나처럼 이런 얘길 모두 앞에서

　　　　　　　아무렇지도 않게 할 수 있을 것 같아?

△ 쥔제는 원루(실제 황)의 말이 일리가 있다 싶지만, 그럼에도 여전히 믿기지 않는다.

△ 원루(실제 황)는 고개를 돌려 쯔웨이를 노려본다.

윈루(실제 황)　그리고, 너, 리쯔웨이. 모쳔제는 그렇다 처도 넌 그러면 안
　　　　　　되지. 나라고! 아무리 내가 다른 사람 모습을 하고 있어도 나는
　　　　　　여전히 난데, 어떻게 몰라볼 수가 있어?

△ 쯔웨이가 억울한 표정으로 위쉬안(실제 천)을 가리킨다.

쯔웨이　그치만 위쉬안이 여기 버젓이 있잖아?

윈루(실제 황)　그래, 쟤도 황위쉬안이 맞는데. 쟤는 아무것도 모르는
　　　　　　황위쉬안이고, 나는 3년 후 미래에서 온 황위쉬안이라고.
　　　　　　이유는 정확히 몰라도 천윈루의 기억이 조금 있지만,
　　　　　　확실한 건 난 천윈루가 아니라 황위쉬안이라니까! 미치겠네…!

△ 윈루(실제 황)는 이야기를 하다 보니 감정이 올라와 이리저리 오가며 발을 구르고, 쯔웨이와 쥔
제는 그런 윈루의 행동에 당황한다.

△ 쯔웨이가 일어나 뭔가 이야기하려는데, 윈루(실제 황)가 뭔가 떠오른 듯 쯔웨이의 말을 자른다.

윈루(실제 황)　그래, 맞아! 네가 나 처음 불러냈을 때 노점 식당에서 너는
　　　　　　체짜이몐* 먹고, 나는 루로우판 먹었잖아.
　　　　　　그리고 전에 내가 방 청소하다가 네 로봇 피규어 떨어뜨려서
　　　　　　망가뜨렸지? 사실 그거 실수가 아니라 고의였거든?
　　　　　　피규어가 좀 못생겼어야 말이지….

---

* 체짜이몐(切仔麵) – 타이완 북부의 면 요리. 보통 소나 닭 육수를 사용하며 종류가 다양하다.

△ 쯔웨이가 믿기지 않는 얼굴로 위쉬안(실제 천)을 바라본다. 위쉬안(실제 천)은 어색한 미소를 짓는다.

윈루(실제 황)　　그리고 전에 〈도학위룡Fight Back To School〉 보고서

　　　　　　　　너 혼자 화장실에서 30분을 내리 울었잖아.

쥔제　　　　　(의아한 듯) 〈도학위룡〉? 그 영화 어디서 눈물이 나?

△ 쯔웨이와 쥔제가 영화 이야기를 나누자, 윈루(실제 황)는 어이가 없어 눈을 흘긴다.

윈루(실제 황)　　지금 그게 중요한 게 아니잖아… 이래도 아직 못 믿는 거야?

△ 윈루(실제 황)가 위쉬안(실제 천)에게 다가가 진지한 얼굴로 입을 연다.

윈루(실제 황)　　황위쉬안, 받아들이기 어렵겠지만 날 믿어줘.

　　　　　　　　설사 이게 거짓말이라 해도 손해 볼 건 없잖아!

　　　　　　　　무슨 일이 있어도 리쯔웨이가 사고를 당하지 않게

　　　　　　　　우리가 막아야 해….

　　　　　　　　리쯔웨이가 없으면 사는 게 얼마나 고통스러운지…

　　　　　　　　이 세상에서 오직 너만은 알 테니까….

△ 위쉬안(실제 천)은 눈이 붉어지는 윈루(실제 황)를 바라보면서 마음이 동요한다.

윈루(실제 황)　　…얼마나 괴로운지, 너는 알 거야. 매일 어떤 심정으로…

　　　　　　　　너 혼자 남겨진 그 집에 들어가는지….

△ 윈루(실제 황)의 이야기와 함께 위쉬안 혼자 보내는 일상의 장면들 삽입.

윈루(실제 황) V.O. 그렇다고 거길 떠나지도 못해.
왜냐하면 그곳에 있어야만…
그 사람과 함께 있는 것처럼 느껴지니까….

△ Insert 동거하는 집. 위쉬안이 우울한 얼굴로 쯔웨이의 의자에 앉아 있다. 옆에 있는 종이 상자에서 쯔웨이의 물건을 하나하나 꺼낸다. 포스트잇 뭉치를 손에 들면, 그 위로 쯔웨이가 쓴 메모가 보인다. '7/22, 위쉬안과 함께 가족 식사' '7/18, 오후 2시에 위쉬안과 치과 가기' 등등.

△ 위쉬안은 쯔웨이가 약속을 잊지 않으려고 남긴 메모를 하나씩 살펴보다가 흐느낀다.

△ 다시 현재. 위쉬안(실제 천)은 윈루(실제 황)의 슬픔이 느껴지는 듯 시선을 떨군다.

윈루(실제 황) (슬퍼하며) 다들 나 좀 믿어줘, 응?

△ 윈루(실제 황)가 말을 마친 뒤 세 사람을 바라본다. 쥔제와 위쉬안(실제 천)이 연민의 눈빛으로 윈루(실제 황)를 바라보는데, 쯔웨이만 여전히 믿기지 않는다는 표정이다.

쯔웨이 그럼 너는, 어떻게 (위쉬안 가리키며) 황위쉬안에서
천윈루가 된 거야?

△ 그 말에 윈루(실제 황)는 정신이 번쩍 들면서 상하이 사무실에서의 일을 떠올린다.

윈루(실제 황) 우바이 앨범 때문이었어… 그 테이프를 듣고 이렇게 변했….
쯔웨이 (말을 자르며) 진짜 정도껏 해, 천윈루.

원루(실제 황) 아직도 못 믿는 거야!?

△ 더는 설명하기도 싫을 만큼 화가 난 원루(실제 황)는 바람을 쐬러 밖으로 나간다.

S#34.

시간 : 낮
야외 : 리쯔웨이의 작업실 밖
연도 : 2014년

△ 작업실 밖으로 나오는 원루(실제 황)는 마음을 가다듬으려 하늘을 바라보다 생각에 잠긴다.

△ 원루(실제 황)는 한숨을 내쉬며 마음을 진정시킨다. 휴대폰 화면의 날짜는 7월 8일을 가리킨다.
원루(실제 황)의 얼굴에 무언가를 결심한 기색이 엿보인다.

S#35.

시간 : 낮
실내 : 리쯔웨이의 작업실
연도 : 2014년

△ 작업실 안에서 위쉬안(실제 천)이 쯔웨이와 쥔제를 바라보며 입을 연다.

위쉬안(실제 천) 너희는… 방금 그 이야기 믿어?

△ 쯔웨이와 쥔제는 서로를 흘끗 바라보는데, 둘 다 확신하지 못하는 얼굴이다.

  쥔제   너무 비현실적인 얘기를 하니까 믿기가 힘든데,

              딱히 뭐라고 설명할 수 없는 것도 사실이야….

              천원루랑 몇 년을 연락도 못했지만, 그렇다고 사람이

              몇 년 만에 저렇게 변한다는 것도 말이 안 되잖아.

  쯔웨이   모쥔제, 솔직히 말해. 너희 셋이 나 골탕 먹이려고 짠 거지?

  쥔제   하, 내가 넌 줄 아냐. 이런 일로 농담이나 할 만큼

              그렇게 한가하지 않거든.

  쯔웨이   그게 아니라면… 천원루는 어떻게 (위쉬안을 바라보며)

              나랑 위쉬안만 아는 일을 전부 알고 있는 걸까?

              그리고 마지막에 위쉬안한테 하는 얘길 들으니까…

              진짜 힘들어하는 것 같긴 하던데….

△ 쥔제는 자기도 모르게 고개를 끄덕이며 말한다.

  쥔제   믿기지 않는 건 사실이지만…

              정말 내가 알던 천원루는 아닌 것 같아.

△ 쥔제가 문밖 원루(실제 황)의 뒷모습을 바라본다. 어쩐지 슬퍼 보이는 뒷모습.

S#36.

시간 : 저녁
실내 : 리쯔웨이의 작업실
연도 : 2014년

△ 얼마간의 시간이 흐르고 어둑해진 외관 풍경.

△ 쯔웨이의 작업실 안에서 쥔제가 소파에 앉아 있는 원루(실제 황)를 바라보고 있다.

쥔제	천원루, 집에 데려다줄게. 정말 안 갈 거야?
원루(실제 황)	내가 괜찮다면 괜찮은 거야. 나는 전부 설명했고, 내 말을 믿든 안 믿든 그건 너희 사정이지. 지금 나한테 제일 중요한 건 7월 10일에 있었던 사고가 다시 일어나지 않게 막는 일이야.

△ 말을 마친 원루(실제 황)는 쯔웨이 앞으로 다가가 단호한 얼굴로 쯔웨이를 응시한다.

원루(실제 황)	그러니까 당분간은 네가 어딜 가든 따라다닐 거니까⋯ 나 떼어 낼 생각은 하지도 마.
쯔웨이	천원루, 제정신이야?
원루(실제 황)	(울컥하며) 그래, 나 미쳤다. 내가 무슨 얘길 해도 어차피 미친 사람 취급할 거 아냐. 그렇담 제대로 미쳐 보지 뭐⋯ 네가 집에 가면 나도 집에 따라가고, 작업실에 있으면 나도 작업실에 같이 있고, 미팅 나가면 나도 따라갈 거야⋯

△ 쯔웨이는 못 말리겠다는 표정으로 돌아서서 자리를 피한다.

원루(실제 황) 어디 가?

쯔웨이 화장실 가거든요.

△ 쯔웨이가 빠른 걸음으로 나가자 원루(실제 황)가 재빨리 뒤쫓는다.

△ 쾅 하고 화장실 문을 닫으며 원루(실제 황)가 못 들어오게 막는 쯔웨이.

S#37.

시간 : 밤 / 낮

실내 : 리쯔웨이의 작업실

야외 : 리쯔웨이의 작업실 밖 / 골목길

연도 : 2014년 / 1999년

A. 리쯔웨이의 작업실 (밤)

△ 작업대 앞에 혼자 앉아 작업에 집중하고 있는 쯔웨이.

△ 작업실 한쪽, 원루(실제 황)가 소파에 앉아 쯔웨이의 뒷모습에 시선을 고정하고 있다. 그 옆쪽으로 위쉬안(실제 천)이 앉아 있다.

△ 소란스럽던 하루를 보낸 터라 원루(실제 황)는 잠이 쏟아진다.

△ 잠시 졸던 원루(실제 황)는 하마터면 쓰러질 뻔한다. 화들짝 놀라 일어나 자기 얼굴을 때린다.

△ 원루(실제 황)가 찰싹찰싹 얼굴을 때리는 소리에 쯔웨이가 고개를 돌려 흘끗 쳐다본다.

△ 쯔웨이의 시선을 느낀 원루(실제 황)는 아무 일도 없었다는 듯 '지켜보고 있으니 도망갈 생각은 꿈에도 말라'는 눈빛으로 쯔웨이를 계속 감시한다.

△ 쯔웨이는 어이없다는 얼굴로 고개를 젓고, 다시 머리를 숙인 채 작업을 계속한다.

△ 쯔웨이가 시선을 돌리자 원루(실제 황)는 다시 지친 얼굴로 크게 하품한다.

위쉬안(실제 천) 다들 배 안 고파? 내가 야식 좀 사 올까?

원루(실제 황) 괜찮아… 난 됐어.

쥔제 나도 괜찮아.

쯔웨이 난 먹을래.

위쉬안(실제 천) 그럼 나가서 좀 사 올게.

△ 위쉬안(실제 천)이 나가려는데, 순간 멈칫하는 원루(실제 황).

원루(실제 황) 잠깐, 너도 위험할 텐데….

위쉬안(실제 천) 금방 올 테니까 걱정하지 마. 그리고 아직 7월 8일이니까

네가 말했던 날은 아직 이틀이나 남았잖아.

△ 그 말에 일리가 있다고 생각되자 원루(실제 황)는 살짝 마음이 놓인다.

△ 위쉬안(실제 천)이 밖으로 나가고, 쥔제는 잠깐 생각에 잠긴 얼굴로 조용히 원루(실제 황)를 응시한다.

B. 리쯔웨이의 작업실 밖 (밤)

△ 혼자 작업실 밖으로 나온 쥔제, 벽에 기댄 채 고개를 들어 타이베이의 밤하늘을 바라본다.

△ 쥔제의 귓가에 차 지나가는 소리가 간혹 들린다. 손을 뻗어 자신의 왼쪽 귀에 가져다 댄다. 그러자 모든 소리가 사라지고, 문득 어느 여자의 노랫소리가 쥔제의 귓가를 타고 흐른다.

원루   **O.S.** 그러니 잠시 눈을 감아 봐…

어둠 속을 떠도는 나의 기대….

所以暫時將你眼睛閉了起來……黑暗之中漂浮我的期待……

△ 기억 속 노랫소리를 따라 쥔제가 나지막이 눈을 감는다. 다음 장면으로 전환.

C. 골목길 (낮, 1999년)
△ 타이베이의 골목길과 달라 보이는 곳, 쥔제가 멈춰 선 스쿠터에 앉아 있다. 왼쪽 귀에 손을 얹
고, 저만치 앞쪽을 따스한 표정으로 바라본다(대학 진학을 위해 타이베이로 떠나는 원루를 배웅하는 날
이다).

원루   **O.S.** 찬란한 빛이 평온한 얼굴 위로 쏟아져,

사랑할 수밖에 없는걸….

平靜臉孔映著繽紛色彩，讓人好不疼愛……

△ 쥔제의 시선을 따라가면, 맞은편 길가에 가방을 멘 원루가 보인다. 편안한 얼굴로 이어폰 속 멜
로디를 따라 흥얼거리며 천천히 길을 걸어온다.

원루   **O.S.** 내 걸음을 따라 사뿐사뿐 내디뎌 봐,

아름다운 추억들이 천천히 되살아나….

你可以隨著我的步伐輕輕柔柔地踩，將美麗的回憶慢慢重來……

△ 쥔제는 마치 남몰래 흥얼거리는 듯 미세하게 움직이는 원루의 입술을 주시한다. 그 노랫소리
를 들을 수 있는 건 이 세상에 쥔제 하나뿐이다. 원루가 지닌 마음의 소리를 들을 수 있는 사람
역시 오직 쥔제 하나뿐인 것처럼.

△ 윈루를 바라보는 쥔제, 서로 다른 곳에 떨어져 지내야 한다는 사실에 슬퍼진다.

윈루　　　**O.S.** 문득 이 낭만을 떨치기 아쉬워,

내일이면 나는 떠나야 해….

忽然之間浪漫無法釋懷，明天我要離開……

△ 음악이 한 단락 끝나자, 윈루가 고개를 든다. 저만치에서 자신을 바라보고 있는 쥔제를 발견하고, 잔잔한 웃음을 지어 보인다.

△ 쥔제도 미소로 화답한다. 아직 헤어지지 않았지만 벌써 그리움이 시작된 듯 윈루를 바라보는 쥔제의 눈빛에서 다음 장면으로 전환.

D. 리쯔웨이의 작업실 밖 (밤)

윈루(실제 황)　　**O.S.** 모쥔제?

△ 다시 현재. 눈을 뜨는 쥔제, 귀에 대고 있던 손을 내린다. 늦은 밤 타이베이의 도시 소음이 다시 귓가로 들어온다. 눈앞에는 방금 막 야식을 사서 돌아온 위쉬안(실제 천)이 서 있다.

위쉬안(실제 황)　모쥔제, 여기서 혼자 뭐 해?

△ 쥔제는 자신을 바라보는 위쉬안(실제 천)의 얼굴을 응시한다. 순간 기억 속의 윈루의 얼굴과 겹쳐 보이면서 잠시 넋이 나간다.

위쉬안(실제 천)　(이상하게 여기며) 왜 그래?

쥔제　　　(정신이 들고) 아니야, 잠깐 바람 좀 쐬느라고.

△ 위쉬안을 바라보는 쥔제, 아무일 없었다는 듯 웃는 얼굴에서 다음 장면으로 전환.

S#38.

시간 : 밤

실내 : 리쯔웨이의 작업실

연도 : 2014년

△ 쥔제와 위쉬안(실제 천)이 야식을 들고 작업실로 들어온다.

△ 둘을 본 쯔웨이가 다급히 검지를 입술에 대고 조용히 하라 이르면서 소파 쪽을 가리킨다. 쥔제와 위쉬안(실제 천)이 그곳을 보면 소파에 윈루(실제 황)가 잠들어 있다.

△ 곤히 잠든 윈루(실제 황)를 보고 쥔제가 겉옷을 벗어 윈루(실제 황)에게 덮어준다.

△ 윈루(실제 황)를 대하는 쥔제의 다정한 모습을 위쉬안(실제 천)이 뒤에서 전부 지켜본다.

△ 쥔제가 고개를 돌리자, 열쇠를 손에 들고 까치발로 슬그머니 나가려는 쯔웨이가 보인다.

△ 돌아서서 쯔웨이를 바라보는 쥔제.

쥔제	어디 가?
쯔웨이	(작은 소리로) 조용히 해, 쯤.

△ 윈루(실제 황)가 깼는지 확인하는 쯔웨이.

쯔웨이	(작은 소리로) 집에 가서 씻고 자야 할 거 아냐.
쥔제	내가 대신 지켜보겠다고 천윈루랑 약속했단 말이야.

△ 쯔웨이가 '너 지금 장난하냐'는 표정으로 쥔제를 바라본다.

쯔웨이　　　위쉬안한테 맡기면 되잖아, 그럼 괜찮지?

△ 쯔웨이가 위쉬안(실제 천) 손에 든 야식을 쥔제에게 건넨다.

△ 원루(실제 황)는 여전히 깊은 잠에 빠져 있다.

S#39.

시간 : 낮 / 밤

야외 : 길거리 / 황위쉬안의 회사 건물 밖 / 동거하는 집 앞

실내 : 동거하는 집

연도 : 2014년

△ 시간의 흐름이 몽타주로 이어진다.

△ 자막 : 7월 9일

A. 길거리

△ 쯔웨이가 비즈니스 미팅을 막 마치고 건물에서 나온다. 고객과 인사를 하고 돌아서는데 원루
(실제 황)가 쯔웨이 대신 산 음료수를 들고 앞에서 기다리고 있다가 쓱 내민다.

△ 어이없는 쯔웨이, 음료수를 받아 들고 돌아서서 가 버린다.

△ 길목에 다다르자 쯔웨이가 원루(실제 황)를 따돌리려고 후다닥 골목으로 들어간다. 이 상황이 달
갑지 않은 원루(실제 황)는 부리나케 쫓아간다.

B. 황위쉬안의 회사 건물 밖

△ 쯔웨이가 스쿠터를 타고 회사 건물 앞으로 위쉬안(실제 천)을 데리러 온다. 뒤를 돌아보니 뜻밖에도 윈루(실제 황)가 택시를 타고 바짝 쫓아오고 있다.

C. 동거하는 집 앞

△ 쯔웨이와 위쉬안(실제 천)이 집 앞에 도착해 올라갈 준비를 한다. 그때 윈루(실제 황)가 쫓아오자 쯔웨이는 현관문을 닫아 버린다.

△ 윈루(실제 황)가 씩씩대며 문을 세게 잡아당긴다.

윈루(실제 황)	야, 리쯔웨이, 문 열어.
쯔웨이	O.S. 싫거든.
윈루(실제 황)	그럼 나도 한 발짝도 안 움직일 거야.

D. 동거하는 집

△ 늦은 밤, 쯔웨이가 발코니에 서 있다. 집 앞을 지키고 있는 윈루(실제 황)가 눈에 들어오자 정말 못 말리겠다는 표정을 짓는다.

△ 짜증 가득한 얼굴로 거실에 들어온 쯔웨이의 눈에 윈루(실제 황)가 건넨 음료수가 들어온다. 컵 위에 각설탕 그림이 그려져 있다. 두 사람이 연애를 시작하기 전에 위쉬안이 그려주었던 것과 똑같은 그림이다.

△ 쯔웨이는 차마 믿기지가 않는다.

E. 동거하는 집 앞

△ 늦은 밤, 윈루(실제 황)가 쯔웨이의 집 앞을 계속 지킨다.

△ 누군가가 윈루(실제 황) 뒤에 다가와 어깨를 툭 친다.

쯔웨이   O.S. 언제까지 이러고 있을 셈이야?

△ 놀라서 벌떡 일어나는 원루(실제 황), 돌아보니 쯔웨이가 서 있다.

원루(실제 황)   너 여기서 뭐해? 집에 있었던 거 아냐?

쯔웨이   너 여기 있는 거, 저 위에서 훤히 다 보이거든.

                너 피하는 것도 참 쉽지 않다. 이거 받아.

△ 쯔웨이가 두 사람 분량의 야식을 원루(실제 황)에게 내민다.

원루(실제 황)   뭔데?

쯔웨이   야식 좀 샀어. 하나는 나 대신 위쉬안한테 갖다줘.

                나는 작업실 좀 다녀올게.

원루(실제 황)   안 돼, 나도 갈래. 7월 10일이 지나기 전까진

                내가 딱 붙어 있을 거라고 했잖아.

△ 쯔웨이는 기가 막혀 한숨을 내쉰다.

쯔웨이   진짜 졌다, 졌어….

△ 말을 마친 쯔웨이가 저만치 구석을 바라보며 큰 소리로 말한다.

쯔웨이   어이, 거기 형씨 이제 나오시죠. 위에서 다 봤거든요.

△ 쥔제가 슬그머니 걸어 나온다.

쥔제   (머리를 긁적이며) 나는 윈루가 위험할까 봐 걱정돼서….

쯔웨이   너 나랑 같이 작업실 좀 가자. (윈루를 보며) 이제 됐지?

윈루(실제 황)   정말이지?

쯔웨이   네 말대로라면 7월 10일은 내일이잖아, 아냐?

윈루(실제 황)   그래도 무슨 일이 생길지 어떻게 알아?

쯔웨이   됐어… 도망갈 거였음 진작 도망갔지.
            모쥔제랑 같이 있는데 뭘 걱정해?

△ 윈루(실제 황)는 쯔웨이의 말을 꺾을 수가 없겠다 싶어 야식을 받아 든다.

S#40.

시간 : 밤

실내 : 동거하는 집

연도 : 2014년

△ 윈루(실제 황)가 야식을 들고 문을 두드린다. 잠시 후, 위쉬안(실제 천)이 문을 연다.

△ 윈루(실제 황)가 야식을 내민다.

위쉬안(실제 천)   들어와, 같이 먹자.

△ 위쉬안(실제 천)이 야식을 꺼내는데 식기류가 보이지 않는다.

위쉬안(실제 천) 포크가 왜 없지….

원루(실제 황) 내가 가져올게.

△ 원루(실제 황)가 아무렇지도 않게 주방에서 포크 두 개를 가져온다.

△ 위쉬안(실제 천)은 그 모습을 보며 잠깐 생각에 잠긴다.

위쉬안(실제 천) 뭐 좀 물어봐도 돼?

원루(실제 황) 뭔데?

위쉬안(실제 천) 미래에 대해서….

S#41.

시간 : 낮

실내 : 리쯔웨이의 작업실

연도 : 2014년

△ 시간은 흘러 도시의 낮 풍경.

△ 쥔제가 작업실로 들어온다. 쯔웨이는 작업 중이다.

쥔제 혹시 지금 시간 있어?

쯔웨이 왜?

쥔제	예전에 작업했던 할머니 빙수 가게 디자인 좀 보고 싶어서.
쯔웨이	그거 창고에 넣어 놨지, 잠깐만.

△ 쯔웨이가 그림을 찾으러 1층 구석에 있는 창고로 이동하자 쥔제가 뒤따른다.

S#42.

시간 : 낮
실내 : 리쯔웨이의 작업실 창고
연도 : 2014년

△ 아무런 의심 없이 창고로 들어가 자료를 찾는 쯔웨이. 창고 문밖에서 쥔제가 음식과 비품이 든 상자를 창고 안으로 밀어 넣는데 쯔웨이는 눈치채지 못한다. 잠시 후, 창고 문이 쾅 닫힌다.

쯔웨이	야, 모쥔제, 너 뭐야?

△ 쯔웨이는 무슨 상황인지 몰라 어리둥절한데, 창밖으로 창문에 못질을 하는 누군가의 그림자가 보인다. 그제야 뭔가 잘못되었다는 걸 알고 화들짝 놀라는 쯔웨이.

△ 쯔웨이는 문을 두드리며 문밖을 향해 크게 소리친다.

△ 카메라가 문밖을 비추면, 원루(실제 황)와 쥔제, 그리고 위쉬안(실제 천) 세 사람이 미안한 얼굴로 서 있다.

쯔웨이	O.S. 너네 뭐 하는 거야?
	내가 오늘 아무 데도 안 가겠다고 했잖아!

왜 가두고 난리냐고!

△ 쯔웨이가 창문을 열어 보려 하지만 소용 없다.

△ 문밖에서 윈루(실제 황)와 쥔제가 문을 사이에 두고 쯔웨이에게 말한다.

윈루(실제 황) 그건 아는데, 그래도 혹시 모르니까 걱정이 돼서… 미안….

쥔제 그냥 하루 쉰다 생각하고 조금만 참아.

    어쨌든 오늘만 지나면 괜찮다잖아.

△ 쯔웨이는 눈앞에 벌어진 일을 보고 있자니 슬슬 화가 치밀어 오른다.

S#43.

시간 : 저녁

실내 : 리쯔웨이의 작업실

연도 : 2014년

△ 늦은 저녁, 세 사람이 1층 응접실에 앉아 컵라면을 먹고 있다. 이미 몇 시간이 경과한 상태.

△ 윈루(실제 황)의 얼굴이 무척이나 불안해 보인다.

△ 그 모습을 본 쥔제는 윈루(실제 황)의 마음을 편안하게 해주고 싶은데.

쥔제 걱정하지 마. 이제 몇 시간만 지나면 네가 걱정했던

    7월 10일도 지나갈 거야.

윈루(실제 황)   (불안해 하며) 응.

쥔제   오히려 지금 걱정되는 건 12시가 지나서도 아무 일이 없으면,
그땐 우리가 리쯔웨이 얼굴을 어떻게 봐야 하냐는 거야.
분명 폭발할 텐데.

윈루(실제 황)   화내라지, 뭐. 미래를 바꿀 수만 있다면… 아무 일 없이 오늘만
잘 보낼 수 있다면, 다른 건 아무래도 상관없어….

△ 위쉬안(실제 천)은 윈루(실제 황)의 불안해하는 얼굴을 주시한다. 그때, 휴대폰 진동이 울린다.

△ 위쉬안(실제 천)이 휴대폰을 보고서 얼굴색이 약간 변한다.

쥔제   왜 그래?

위쉬안(실제 천)   아, 아냐. 친구 메시지.

윈루(실제 황)   친구? 쿤부?

위쉬안(실제 천)   (일어서며) 응, 급한 일이 있나 봐. 나가서 전화 좀 할게.

윈루(실제 황)   저기, 너도 너무 멀리 가면 안 돼.

위쉬안(실제 천)   걱정 마, 밖에 있을 거니까.

△ 윈루(실제 황)는 서둘러 문을 열고 나가는 위쉬안(실제 천)을 바라본다.

△ 갑자기 쥔제와 윈루(실제 황) 두 사람만 남는다. 쥔제가 윈루(실제 황)와 대화 나누기 좋은 자리로
옮겨 앉는다.

쥔제   대학 졸업하고 나서 어떻게 지냈어?

윈루(실제 황)   말했잖아 … 난 천윈루가 아니라 황위쉬안이라니까 ….

쥔제	천원루의 기억도 있다면서?
원루(실제 황)	그렇긴 한데, 사실 어렴풋해서 자세히는 모르겠어.

△ 원루(실제 황)를 바라보는 쥔제, 얼마간 기대가 담긴 얼굴이다.

쥔제	난 그냥… 그 후로 어떻게 지냈나 궁금해서.

S#44.

시간 : 낮
야외 : 기차역 앞
연도 : 1999년

△ 스쿠터에 원루를 태우고 기차역에 도착한 쥔제는 원루가 건네는 헬멧을 받아 든다.

쥔제	타이베이 가면 연락해. 방학하면 보러 갈게.
원루	응, 그럴게. 잘 있어.

△ 원루가 돌아서서 가려는데, 쥔제가 감정을 억누를 수 없는 듯 손을 뻗어 원루를 붙잡는다.

△ 갑자기 붙잡힌 원루가 돌아서서 쥔제를 바라본다.

△ 원루를 응시하는 쥔제, 마음은 아쉬운데 차마 입이 떨어지지 않는다. 원루의 손을 놓으며 괜한 변명을 한다.

쥔제   방금… 스쿠터가 지나가서. 항상 조심해.

점프컷

△ 어느새 기차역 입구에 선 윈루가 고개를 돌려 쥔제를 바라본다.

△ 쥔제는 윈루가 기차역으로 들어갈 때까지 미소 띤 얼굴로 손을 흔들며 인사한다.

쥔제   O.S. 그때 넌 공부하느라 바빠서 점점 더 집에 자주 오지
            못했고, 나도 매주 널 보러 타이베이에 갈 수가 없었지.

S#45.

시간 : 저녁
야외 : 타이베이 거리
연도 : 2001년

△ 비가 내리는 길가에 고장 난 버스가 보인다. 차량 뒤쪽에서 하얀 연기가 피어 오르고 버스 기사
  가 비를 맞으며 안전 고깔을 세운다.

△ 그때, 쥔제가 꽃다발을 들고 다른 승객들을 따라 버스에서 내린다. 우산이 없어 금세 반쯤 젖
  는다.

쥔제   O.S. 네 입에서는 내가 모르는 친구들 이야기가 늘어만 가는데,
            난 그저 매일 같은 이야기만 반복하고 있었어.

△ 쥔제는 콘서트 시간에 늦지 않으려고 길가에서 택시를 잡아 보지만, 비가 많이 내리는 날이라 전부 만차뿐, 빈 택시를 잡지 못한다.

△ 쥔제가 휴대폰을 꺼내지만 비에 젖어서 작동하지 않는다. 결국 쥔제는 겉옷을 벗어서 원루에 게 선물할 꽃다발을 감싼 채 비를 맞으며 공연장으로 향한다.

S#46.

시간 : 저녁

야외 : 공연장 앞

연도 : 2001년

△ 드디어 공연장 앞에 도착한 쥔제. 남아 있는 사람이 많지 않다. 행상인들도 물건을 정리하기 시 작한다.

△ 공연장 출입문은 잠겨 있다. 모습이 엉망이 된 쥔제는 처마 밑에 서서 콘서트가 끝나기를 기다 린다. 손에 든 꽃다발이 비에 흠뻑 젖는다.

| 쥔제 | O.S. 타이베이에서 우바이 콘서트를 보기로 했던 날, |
| | 늦어서 미안해…. |

점프컷

△ 잠시 후, 비가 그친다. 쥔제는 여전히 공연장 앞에 서 있다. 그때 콘서트가 끝나고 출구로 사람 들이 빠져나온다.

△ 쥔제가 출구 근처로 달려가서 필사적으로 원루를 찾는다.

△ 원루의 뒷모습으로 보이는 여자를 발견하고 사과를 하러 다가간다.

△ 빠르게 다가가는 사이, 여자에게 다가가는 또 다른 남자가 보인다. 웃으며 이야기 나누는 두 사람의 모습을 바라보는 쥔제.

△ 쥔제는 걸음을 멈추고, 멀어져 가는 두 사람을 슬프게 바라본다.

S#47.

시간 : 낮

실내 : 원루가 일하는 레코드점

연도 : 2001년

쥔제　　　　O.S. 나중에 네가 일하는 레코드점에 갔는데,

　　　　　　　　친구랑 콘서트 이야기를 하고 있더라.

　　　　　　　　너 혼자 간 게 아니라서 얼마나 다행이던지….

△ 다음 날, 쥔제는 설명을 하고 싶은 마음에 원루가 일하는 레코드점으로 향한다. 전날 보았던 그 남자가 원루와 이야기를 나누는 모습이 눈에 들어온다.

△ 즐겁게 이야기 나누는 두 사람의 모습을 바라보는 쥔제. 남자의 얼굴은 보이지 않는데, 두 눈을 가리는 손동작을 보아 원루와 함께 콘서트를 보았을 거라고 추측한다.

△ 갑자기 용기를 잃은 쥔제는 사과하는 마음을 담아 입력한 문자 메시지를 결국 전송하지 못하고, 상심한 얼굴로 그곳을 떠난다.

S#48.

시간 : 저녁
실내 : 리쯔웨이의 작업실
연도 : 2014년

△ 쥔제는 두 손을 꽉 쥐고 용기를 낸다.

쥔제   난 그냥 네가 그 남자랑 나중에 어떻게….

△ 윈루(실제 황)는 갑자기 미간을 찌푸리며 조용히 하라고 손짓한다.

윈루(실제 황)   잠깐만, 창고에서 무슨 소리 나지 않았어?

△ 귀를 기울이는 두 사람, 창고 안에서 무언가 움직이는 소리를 듣는다.

·

S#49.

시간 : 저녁
실내 : 리쯔웨이의 작업실 창고
연도 : 2014년

△ 윈루(실제 황)가 문을 열고 창고로 뛰어 들어간다.
△ 텅 빈 창고가 눈에 들어온다.

△ 단단히 봉인했던 창문이 열려 있는 걸 발견하는 두 사람.

윈루(실제 황)　　망했다!

△ 당황한 윈루(실제 황), 작업실 밖으로 뛰어나간다.

S#50.

시간 : 저녁

야외 : 리쯔웨이의 작업실 밖

연도 : 2014년

△ 쥔제와 윈루(실제 황)가 작업실 밖으로 헐레벌떡 뛰어나온다. 작업실 바깥에는 아무도 없다. 방
　금 전화하러 나간 위쉬안도 보이지 않는다.

쥔제　　　　황위쉬안은 어디 갔지?

△ 두 사람은 작업실 앞 길가로 나와 주변을 살펴보지만, 쯔웨이와 위쉬안은 보이지 않는다.

쥔제　　　　리쯔웨이는 어디 간 거야?

△ 쥔제가 말을 끝맺고 고개를 돌려 윈루(실제 황)를 바라본다. 무언가 떠오른 듯 겁에 질린 얼굴의
　윈루(실제 황).

원루(실제 황)　　설마 거길 간 건 아니겠지?

△ 걱정스러운 얼굴로 달려가는 원루(실제 황). 쥔제가 그 뒤를 쫓으며, 다음 장면으로 전환.

S#51.

시간 : 저녁
야외 : 길거리 / 폐건물 밖
연도 : 2014년

△ 원루(실제 황)와 쥔제가 작업실 근처 대로변을 미친 듯이 달린다. 인적이 드문 공단 쪽으로 들어서자 버려진 건물 하나가 우뚝 서 있다.

△ 원루(실제 황)가 쯔웨이에게 전화를 걸지만 연결이 되지 않는다.

원루(실제 황)　　리쯔웨이 뭐 하는 거야? 왜 전화를 안 받아?

△ 건물 입구를 찾은 원루(실제 황)와 쥔제가 쯔웨이의 이름을 크게 부르지만, 그림자도 보이지 않는다.

△ 두 사람은 각자 한바탕 정신없이 건물 여기저기를 살피다 다시 마주친다.

쥔제　　　　　전혀 안 보여.
원루(실제 황)　　난 이쪽으로 갈게! 넌 저쪽으로 가 봐!

△ 윈루(실제 황)는 각자 다시 찾아보자고 소리치고, 돌아서서 계단을 올라간다.

S#52.

시간 : 저녁

실내 : 폐건물

연도 : 2014년

△ 오르고 또 올라 8층에 다다랐지만 윈루(실제 황)는 여전히 쯔웨이를 찾지 못한다.

△ 돌아서서 또 계단을 오르려는데 쯔웨이의 목소리가 희미하게 들린다.

     쯔웨이   **O.S.** 천윈루는 어딨어?

△ 고개를 휙 돌리는 윈루(실제 황), 소리가 나는 방향으로 뛰어간다.

     윈루(실제 황)   리쯔웨이!

△ 윈루(실제 황)가 쯔웨이 앞에 서자, 쯔웨이 옆에 또 한 사람이 보인다. 돌아선 그 사람은 뜻밖에도 쯔웨이와 똑같은 얼굴을 한 남자(왕취안성-실제 리쯔웨이)다.

△ 이 상황이 혼란스러운 윈루(실제 황). 쯔웨이가 설명을 하려는데, 윈루(실제 황) 등 뒤로 누군가의 발소리가 들린다. 쯔웨이와 취안성(실제 리)의 안색이 변한다.

     취안성(실제 리) 천윈루, 진정해….

△ 윈루(실제 황)가 돌아보니 발소리의 주인공은 위쉬안(실제 천)이다. 위쉬안(실제 천)은 손에 유리 조각을 들고 있다. 선혈이 유리 조각의 가장자리를 타고 뾰족한 끝부분으로 흘러내린다.

윈루(실제 황)   대체 이게 무슨 상황이야? 왜….

취안성(실제 리)   천윈루, 진정해….

윈루(실제 황)   뭐라고, 천윈루?

△ 그때, 유리 조각을 손에 쥔 위쉬안(실제 천)이 윈루(실제 황)에게 불쑥 달려든다.

△ 그 모습을 본 취안성(실제 리)도 앞으로 달려든다. 순간 윈루(실제 황)를 뒤로 잡아당기지만 자신은 피하지 못한다. 위쉬안(실제 천)의 유리 조각이 취안성(실제 리)의 옆구리를 파고들면서, 반으로 쪼개진 채 몸에 박힌다.

△ 바닥으로 쓰러지는 취안성(실제 리), 출혈을 막으려 상처에 손을 갖다 댄다. 그때, 쯔웨이가 윈루(실제 황) 앞으로 나와서 위쉬안(실제 천)이 윈루에게 다시 달려들지 못하도록 막는다.

△ 다들 놀란 얼굴로 위쉬안(실제 천)을 이해할 수 없다는 듯 바라본다.

위쉬안(실제 천)   다들 날 믿어줘. 전부 너희를 위한 일이야… .

                 나만 사라지면 모든 게 달라질 거야… 다들 나 좀 믿어줘….

△ 말을 마친 위쉬안(실제 천), 윈루(실제 황) 뒤편으로 벽 없이 뚫린 공간을 발견한다.

△ 갑자기 위쉬안(실제 천)은 몸을 떨면서 유리 조각을 쯔웨이 쪽으로 던진다.

△ 순간 쯔웨이는 손으로 날아오는 유리 조각을 막는다. 위쉬안(실제 천)이 그 틈을 타 윈루(실제 황)에게 달려들고, 윈루(실제 황)를 붙잡아 가장자리로 밀어낸다.

△ 취안성(실제 리)과 쯔웨이가 그 모습을 보고 다급히 다가선다.

△ 위쉬안(실제 천)과 윈루(실제 황) 두 사람이 가장자리에서 실랑이를 벌이다가 위쉬안(실제 천)이 중

심을 잃고 뒤로 넘어간다.

△ **Slow motion** 쯔웨이가 한발 앞서 떨어지려는 위쉬안(실제 천)을 붙잡지만, 중심을 잃은 위쉬안(실제 천)은 끌어당겨지지 않는다. 오히려 위쉬안(실제 천)이 다른 손으로 원루(실제 황)를 잡아당긴다.

△ 그 순간, 위쉬안(실제 천)이 쯔웨이의 손을 뿌리치고 원루(실제 황)의 손을 꽉 붙들며 떨어진다.

△ 부상의 고통으로 바닥에 쓰러져 있던 취안성(실제 리)은 이미 한발 늦어 원루(실제 황)를 붙잡지 못한다.

△ 아래로 떨어지는 그 순간, 원루(실제 황)의 눈에는 위쉬안의 이름을 미친 듯이 부르는 쯔웨이만 보인다. 원루(실제 황)는 위쉬안(실제 천)과 나란히 추락하고, 바닥은 피로 붉게 물든다.

△ 이번에 땅으로 추락한 사람은 쯔웨이가 아니라 두 여자다.

S#53.

시간 : 낮
실내 : 영안실
연도 : 2014년

△ 쯔웨이가 영안실에 들어선다. 눈앞에 놓인 철제 침대 위, 하얀 천이 누군가를 덮고 있다.

△ 살며시 하얀 천을 걷는 쯔웨이, 위쉬안과 마지막 인사를 하려는 듯하다.

△ 위쉬안의 창백한 얼굴을 보자 쯔웨이는 눈물을 참지 못하고 바닥에 꿇어앉아 통곡한다.

| 쯔웨이 | V.O. 위쉬안, 왜 네가 말했던 미래와 내가 겪는 현실은 다른 걸까. 왜 네가 죽게 된 거야? |

S#54.

시간 : 낮 / 밤
야외 : 병원 내 정원
실내 : 동거하는 집 / 리쯔웨이의 작업실 / 전망 좋은 레스토랑
연도 : 2014~2017년

A. 병원 내 정원
△ 자막 : 2014년 7월 12일

△ 쯔웨이가 벤치에 앉아 있다. 무척 우울해 보인다.

△ 환자복 차림의 취안성이 휠체어에 앉아 쯔웨이 앞으로 다가온다.

쯔웨이	혹시 말이야, 미래의 내가 네 몸에 들어갔을 때,
	무슨 단서 같은 거 없었어?

△ 취안성은 타임슬립 당시의 상황을 떠올린다.

취안성	그때 난… 아주 커다랗고 넓은 공간에 들어와 있는 것 같았어.
	거기서 네 기억을 봤어. 과거부터 미래까지 전부.
쯔웨이	그럼 그때 내가 어떻게 과거로 돌아갔던 건지 알아?
취안성	우바이의 〈사랑의 끝〉이라는 앨범,
	그 앨범 테이프를 듣고 나서였어.

△ 위쉬안이 했던 이야기를 실증하는 듯한 취안성의 말에 쯔웨이는 조금 놀란다.

B. 동거하는 집 거실

△ 배경 음악 삽입.

△ 동거하는 집 안, 쯔웨이가 우바이의 〈사랑의 끝〉 테이프와 CD가 가득 든 상자를 안고 있다. 새 것부터 중고 제품까지 마치 마니아의 소장품을 모아 놓은 듯하다.

△ 쯔웨이가 테이프와 CD를 하나씩 전부 재생해 본다. 음향과 음질 외에 다른 차이가 없다.

△ 쯔웨이 주변 곳곳에 우바이의 앨범이 흩어져 있다.

C. 동거하는 집 화장실

△ 쓸쓸해 보이는 쯔웨이, 피곤한 얼굴로 거울 앞에 서서 양치질을 한다. 아무도 없는 변기 위를 멍하니 바라보다가 마치 위쉬안과 대화하듯 변기 쪽을 향해 이야기한다.

쯔웨이　　재밌는 얘기? 좋아, 어느 날 만두랑….

△ 농담을 시작하려는데 순간 위쉬안 생각에 슬퍼지면서 눈시울이 붉어진다. 목이 메어 오지만 계속 이야기한다.

쯔웨이　　왜 그래, 이번 건 진짜 웃겨….

D. 리쯔웨이의 작업실

쯔웨이　　O.S. 고기만두가 꽃빵이랑 싸우고 나서

　　　　　　너무 괴롭고 마음이 아픈 거야….

△ 쯔웨이가 또 〈사랑의 끝〉 테이프와 CD가 잔뜩 든 상자를 안고 들어온다. 작업실 안에 〈사랑의 끝〉 앨범이 가득하다.

△ 쯔웨이의 모습이 약간 달라져 있다. 일련의 시간이 흐른 듯 보인다.

△ 쯔웨이가 옆에 있는 카세트에 테이프를 넣고 재생 버튼을 누르자 음악이 흘러나온다.

△ 곧이어 정지 버튼을 누른다. 엑스X자를 적은 포스트잇을 테이프에 붙인 후 또 다른 상자에 넣는다. 상자 안에는 포스트잇을 붙인 테이프가 가득하다.

△ 한숨을 쉬는 쯔웨이, 작은 테이블 위에 있는 휴대폰을 집어 위쉬안에게 메시지를 보낸다.

△ 휴대폰 액정을 비춘다. '방금 미팅 때 고객이 추천해준 식당 있는데, 거기 가 볼까?'

E. 전망 좋은 레스토랑

쯔웨이　　　　O.S. 하지만 울면 안 된다고 스스로를 타일렀지….

△ 전망 좋은 레스토랑 안, 쯔웨이가 혼자 앉아 있다. 식사를 하며 앞을 보고 대화를 나눈다.

쯔웨이　　　　나는 이번 주면 끝날 줄 알았는데, 독일 쪽에서

　　　　　　　　새로운 수정안을 또 보내온 거야….

△ 쯔웨이의 말소리를 따라 카메라가 비춘 쯔웨이의 맞은편에는 아무도 없다. 허공에 대고 계속 이야기하는 쯔웨이.

F. 동거하는 집

쯔웨이　　　　O.S. 그래도 참고 또 계속 참으면서 눈물을 삼켰대.

　　　　　　　　그러다 결국 어떻게 됐는지 알아?

△ 타이베이 도심의 밤 풍경.

△ 창밖을 바라보는 쯔웨이, '라스트 댄스'의 노랫소리가 다시 공기 속을 맴돈다. 휴대폰을 들어 위쉬안에게 메시지를 보낸다.

쯔웨이	V.O. (메시지) 난 네가 보고 싶을 때 이 노래를 들어.
	이 노래가 널 찾게 해줬거든….

△ 쯔웨이가 노래를 들으며 예전에 위쉬안이 그려준 각설탕 그림을 종이컵에 그린다.

△ 잠시 후, 또 정지 버튼을 누른 뒤 테이프를 꺼내 포스트잇을 붙이고, 다른 테이프를 재생한다.

△ 옥상에서 여전히 불이 환하게 켜져 있는 집이 보인다. 과거로 다시 돌아가 위쉬안을 구하려는 시도를 지금껏 포기하지 않는 쯔웨이.

G. 동거하는 집 욕실

쯔웨이	육즙 잔뜩 든 탕바오*가 됐대….

△ 쯔웨이가 이야기를 계속하며 눈가의 눈물을 닦는다. 어떻게든 이야기를 이어 가려 한다.

쯔웨이	황위쉬안, 왜 안 웃어, 얼마나 웃긴데… 왜 안 웃냐고….

△ 쯔웨이의 시선을 따라 카메라 이동한 자리엔 아무도 없다.

S#55.

시간 : 낮

실내 : 타이베이의 중고 레코드점

연도 : 2017년

---

* 탕바오(湯包) – 찐만두의 일종으로 육즙이 가득한 것이 특징이다.

△ 자막 : 2017년

△ 레코드점 바깥에 걸린 빨간 현수막에는 '임대 만료 일괄 처분'이라고 적혀 있다.

△ 쯔웨이 손에 종이 한 장이 들려 있다. 전국 각지의 레코드점 주소 목록이다.

△ 현수막을 보고는 마치 기다렸다는 듯 망설임 없이 가게로 들어가는 쯔웨이.

△ 가게 진열대 위에 CD가 일부 남아 있다. 이미 꽤 팔린 듯 보인다. 테이프는 상자에 차곡차곡 담긴 채 자유롭게 고를 수 있도록 통로에 쌓여 있다. 구석에는 테이블 몇 개가 놓여 있고 그 위로 각종 포스터와 포토 카드 등 굿즈가 보인다.

△ 가게 안은 물건이 가득한 데다가 사람도 많다. 쯔웨이는 가게 안을 이동하면서 수시로 사람들과 부딪히지만 전혀 느껴지지 못하는 듯하다.

△ 오래된 테이프가 잔뜩 담긴 종이 상자 하나가 누군가의 발에 차인 듯 굿즈가 놓인 테이블 아래로 밀려나 있다. 상자 속에는 곰팡이가 피거나 누렇게 변색되거나 혹은 케이스에 금이 가는 등 상태가 심각한 테이프들로 가득하다. 쯔웨이는 아랑곳하지 않고 상자 속을 뒤적인다. 잠시 후, 두 눈이 반짝한다.

△ 테이프 하나를 들고 일어서는 쯔웨이, 계산대 앞으로 향한다.

쯔웨이　　이거 얼마예요?

사장　　테이프는 세 개에 100위안ㅔ이니까 두 개 더 골라 와요.

쯔웨이　　괜찮습니다. 이거면 돼요.

△ 쯔웨이가 100위안을 내민다. 거스름돈 받을 새도 없이 돌아서서 가게 밖으로 나간다.

S#56.

시간 : 낮
야외 : 주차장
연도 : 2017년

△ 쯔웨이가 차로 돌아와 곧바로 테이프를 꺼낸다.

△ 케이스는 약간 손상된 흔적이 있지만 테이프는 상태가 나쁘지 않다.

△ 차량용 오디오에 테이프를 넣는 쯔웨이.

△ 자동차 스피커에서 우바이의 노래가 흘러나온다. 운전석에 기대는 쯔웨이. 대시보드 위에 놓 인 자신과 위쉬안의 보블헤드 인형을 바라본다.

△ 갑자기 현기증을 느끼는 쯔웨이, 눈이 서서히 감기면서 깊은 잠에 빠진다. 동시에 바깥 풍경이 잠시 멈추는데 쯔웨이는 알아채지 못한다.

S#57.

시간 : 낮
실내 : 왕취안성의 대학교 기숙사 / 마음의 방 / 교실
야외 : 왕취안성의 고등학교 / 해변 / 농구장
연도 : 2014년

△ 취안성(실제 리)이 컴퓨터 의자에 앉은 채 잠에서 깬다.

△ 컴퓨터 모니터의 밝은 빛에 눈을 가늘게 뜬다. 모니터 위로 왕취안성이라는 이름이 보인다.

△ 거울 앞에 서는 취안성(실제 리), 옷장을 들춰 본다. 방 안의 모든 것이 쯔웨이 것과 다르다.

△ 컴퓨터 모니터에 표시된 날짜를 확인한다. 2014년 7월 8일.

취안성(실제 리) 8일⋯ 위쉬안이 떨어지기 이틀 전이야.

△ 중요한 사실을 발견하지만 잠시 어떤 반응도 할 수가 없다. 그 순간 머릿속으로 취안성의 기억이 스친다.

A. 왕취안성의 고등학교 화장실
△ Insert 학생들이 취안성을 화장실 칸에 밀어 넣고 문을 닫는다.

△ 가해 학생 중 하나가 빗자루를 문에 대고 막는다. 취안성이 안에서 발버둥 치지만 문은 열리지 않는다.

△ 그때 갑자기 머리 위로 물이 쏟아져 내리면서 취안성을 흠뻑 적신다. 가해 학생들이 소리를 지르며 뿔뿔이 흩어진다.

B. 왕취안성의 고등학교 안뜰
△ 수업이 끝나고 취안성이 이어폰을 귀에 꽂은 채 안뜰을 따라 복도를 걷는다. 몇몇 학생이 갑자기 뒤에서 쫓아오더니 귀에서 이어폰을 뽑아내고 힘껏 밀친다.

△ 취안성이 중심을 잃고 바닥으로 쓰러진다. 손에 들고 있던 이어폰이 망가진다. 가해 학생들은 여전히 취안성을 놓아주지 않는다. 수업 종이 울릴 때까지 취안성의 발을 잡아끌면서 빙빙 돌린다.

△ 상처투성이가 된 취안성, 찢어진 교복 차림으로 혼자 바닥에 앉아 있다. 원치 않게 눈이 점점 붉어진다.

C. 왕취안성의 고등학교 옥상

△ 가해 학생들이 이번에는 취안성의 책가방을 들고 옥상으로 달려간다.

△ 취안성이 죽어라 뒤쫓지만 아무리 애써도 가방을 되찾을 수 없다.

△ 가해 학생들은 취안성의 가방을 휙 열어젖힌 뒤 옥상에서 아래로 쏟는다.

△ 가방 안에 있던 교과서와 문구류, 개인 용품들이 전부 바람과 함께 떨어진다. 가해 학생들은 책 가방까지 아래로 던져 버린다.

△ 더 이상 참을 수가 없는 왕취안성. 악에 받친 얼굴로 달려들지만, 혼자 여럿을 상대하기 쉽지 않다. 결국 흠씬 두들겨 맞는다.

△ 패배가 정해져 있던 이 싸움으로 취안성은 자신의 존재 가치를 철저히 부정하게 된다.

D. 해변

△ 취안성이 모래사장에서 바다를 향해 걷는다. 신발과 양말, 교복 바지가 점점 젖어 들지만 아랑곳하지 않는다.

E. 농구장

△ 갑자기 화면이 전환되면, 취안성 옆에서 한 소년이 취안성을 농구장으로 이끈다.

△ 함께 농구를 하는 두 사람. 취안성의 표정에서 그의 달라진 삶이 엿보인다.

F. 교실

△ 이번에는 장면이 교실에서 공부 중인 두 사람으로 바뀐다. 취안성이 소년에게 수학을 가르친다.

△ 얼굴이 선명하게 보이지 않는 소년이 머리를 긁적이며 수학 문제 앞에서 고군분투한다.

△ 시간이 다시 2014년 7월 8일로 돌아온다. 밀려드는 기억에 불편함을 느낀 취안성(실제 리)이 어지러운 듯 의자에 앉는다.

△ 고개를 들어 거울에 비친 모습을 바라보는데, 순간 병원에서 취안성이 했던 이야기가 모두 사실임을 확신한다.

취안성(실제 리) 내가… 왕취안성이 된 거야?

G. 마음의 방
△ 취안성이 마음의 방 안에서 거울 속의 쯔웨이를 바라보고 있다.

S#58.

시간 : 낮
야외 : 리쯔웨이의 작업실 앞
실내 : 폐건물
연도 : 2014년

△ 취안성(실제 리)이 리쯔웨이의 작업실 앞에 도착한다. 작업실로 가려는 순간, 택시 한 대가 지나간다. 택시에서 내리는 원루(실제 황)가 보인다.

△ 골목 구석으로 숨은 취안성(실제 리)은 원루(실제 황)가 쯔웨이에게 달려가 안기는 모습을 목격한다.

쯔웨이   천원루?

△ 그때, 구석에 있던 취안성(실제 리)은 위쉬안(실제 천)과 쥔제가 다가오는 걸 발견한다.

△ 취안성(실제 리)은 위쉬안(실제 천)을 의심스러운 표정으로 바라본다.

△ **Insert** 폐건물 옥상, 두 손으로 유리 조각을 쥐고서 몸을 떠는 위쉬안(실제 천).

△ 취안성(실제 리)은 위쉬안(실제 천)을 경계하기 시작한다.

S#59.

시간 : 낮

실내 : 왕취안성의 대학교 기숙사

연도 : 2014년

△ 거처로 돌아온 취안성(실제 리). 칠판에 자신이 알고 있는 단서들을 쉼 없이 정리하면서 다양한 내용으로 타임라인을 그린다.

△ 취안성(실제 리)이 가로선을 긋는다. 쯔웨이와 위쉬안이 함께 지낸 타임라인이다. 위쪽에 2017년부터 2016, 2015… 2014년까지 연도를 적는다. 분필은 2014년 위에서 멈춘다. 그 지점을 기준으로 반복해서 움직이며 원을 그린다.

△ 시간의 경과를 몽타주로 표현한다.

△ 취안성(실제 리)은 계속해서 타임라인을 새로 그린다. 두 개의 직선, 하나의 원, 두 개의 원, 교차하는 방식 등 다양한 방식을 시도한다. 포스트잇에 메모를 써서 붙였다가 떼어 내기를 반복하고, 인터넷에서 정보를 검색해 끊임없이 내용을 수정하는 등 어떻게든 위쉬안을 구하기 위해 머리를 쥐어짠다.

△ 취안성(실제 리)은 얼마나 시간이 흘렀는지도 모른 채 드디어 펜을 멈춘다. 펜 끝은 2014년을 가리키는 눈금으로 돌아와 있다. 잠시 생각에 잠긴 취안성(실제 리), 아래에 또 다른 원을 그리기 시작하는데.

> **쯔웨이(실제 리)** 만일 이게 위쉬안이 겪은 시간들이라면…
>
> 위쉬안의 타임라인에서 죽은 사람은 나야….
>
> 그러니까 위쉬안이 여기로 돌아와서
>
> 모든 걸 막으려 한 거겠지….

△ 취안성(실제 리)이 두 개의 원 위에서 계속 분필을 움직이자 점차 무한대 기호가 나타난다.

△ 결국, 분필을 다시 멈춘 취안성(실제 리)은 무한대 기호가 교차하는 지점에 '2014년 7월 10일'이라고 적는다.

취안성(실제 리) 하지만 위쉬안이 내 타임라인으로 왔을 때는,

위쉬안이 죽는 걸로 바뀌었지….

△ 취안성(실제 리)이 무한대 기호 위쪽과 아래쪽 원에 각각 리쯔웨이와 황위쉬안의 이름을 적는다.

△ 심각한 얼굴로 생각에 잠긴 취안성(실제 리)의 표정에서 다음 장면으로 전환.

S#60.

시간 : 저녁

실내 : 리쯔웨이의 작업실 창고

연도 : 2014년

△ 시간은 다시 7월 10일.

△ 쯔웨이는 창고 안에 갇혀 있다.

△ 열 받은 쯔웨이가 문을 두드리며 바깥을 향해 소리친다.

쯔웨이 야! 장난 그만해. 문 안 열면 나 진짜 너네 안 본다!

△ 쯔웨이가 아무리 소리쳐도 바깥에서는 아무런 반응이 없다.

△ 난감해진 쯔웨이는 등을 문에 기댄다. 쭉 미끄러져 바닥에 털썩 앉는데, 화가 나면서도 맥 빠진

얼굴이다.

△ 잠시 후, 어디선가 들려오는 소리에 화들짝 놀라며 벌떡 일어선다.

△ 카메라가 쯔웨이의 시선을 따라가면, 창문에 단단히 박힌 나무 막대기를 뜯어내는 취안성(실제
리)의 모습이 보인다.

△ 다가가 창문을 여는 쯔웨이, 창문 너머로 자신과 똑같이 생긴 취안성(실제 리)을 발견하고 당황
하며 놀란다.

△ 서로를 바라보는 두 사람의 모습에서 다음 장면으로 전환.

S#61.

시간 : 저녁
야외 : 폐건물 밖
연도 : 2014년

△ 쯔웨이가 취안성(실제 리)을 따라 사고가 발생한 폐건물 근처로 달려온다.

△ 휴대폰을 흘끗 보는 취안성(실제 리), 시간과 장소가 적힌 위쉬안(실제 천)의 문자 메시지를 확인
한다.

취안성(실제 리) 천원루는 왜 여기서 보자는 거지?

쯔웨이 무슨 소리야?

취안성(실제 리) 여긴 위쉬안이랑 천원루가 함께 떨어졌던 곳 근처야.

쯔웨이 저기, 이해가 안 돼서 그러는데… 걔가 정말 천원루라면,
왜 이런 일을 벌이는 거야?

△ 그때, 쯔웨이는 폐건물 안에서 누군가의 실루엣을 발견한다. 그 모습을 본 취안성(실제 리)과 리 쯔웨이 두 사람은 서로를 한 번 바라본 뒤 후다닥 뛰어 건물로 올라간다.

S#62.

시간 : 저녁
야외 : 폐건물
연도 : 2014년

△ 폐건물 안, 취안성(실제 리)과 쯔웨이가 위층으로 뛰어 올라가며 위쉬안(실제 천)을 찾는다.

S#63.

시간 : 저녁
야외 : 폐건물
연도 : 2014년

△ 취안성(실제 리)과 쯔웨이, 두 사람은 누군가의 실루엣이 보인 층에 도착하는데, 위쉬안(실제 천)은 보이지 않는다.

쯔웨이　　　어디 간 거지?

△ 그때, 두 사람은 가까이에서 윈루(실제 황)의 목소리를 듣는다.

원루(실제 황)　　O.S. 리쯔웨이!

△ 곧이어 원루(실제 황)가 숨을 헐떡이며 올라오는 모습이 두 사람 눈에 들어온다. 원루(실제 황)는 힘이 드는지 손을 무릎에 받치고 가쁜 숨을 몰아쉰다.

△ 순간 취안성(실제 리)은 시간 축이 다시 원래의 시공간으로 되돌아왔음을 깨닫는다.

△ 참고: 이하의 장면들은 취안성(실제 리)의 시점으로 그려진다.

△ 취안성(실제 리)이 원루(실제 황)의 등 뒤로 위쉬안(실제 천)을 발견한다. 손에는 여전히 유리 조각을 쥐고 있다.

△ 취안성(실제 리)은 이번이 지난번 기억과 조금 다르다는 걸 느끼지만, 깊게 생각할 여유가 없다.

원루(실제 황)　　대체 이게 무슨 상황이야? 왜….

취안성(실제 리)　　천원루, 진정해….

원루(실제 황)　　뭐라고, 천원루?

△ 그때, 유리 조각을 손에 쥔 위쉬안(실제 천)이 원루(실제 황)에게 불쑥 달려든다.

위쉬안(실제 천)　　(소리 지르며) 아!

△ 그 모습을 본 취안성(실제 리)도 앞으로 달려든다. 원루(실제 황)를 뒤로 잡아당기는데 차마 자신은 피하지 못한다. 위쉬안(실제 천)의 유리 조각이 취안성(실제 리)의 옆구리를 파고들면서 반으로 쪼개진 채 몸에 박힌다.

△ 바닥으로 쓰러지는 취안성(실제 리), 출혈을 막으려 상처에 손을 갖다 댄다. 그때, 위쉬안(실제 천)이 또다시 공격하지 못하도록 쯔웨이가 앞으로 나서서 위쉬안(실제 천)과 원루(실제 황) 사이를 가로막는다.

쯔웨이   괜찮아?

윈루(실제 황)   응, 근데 저 사람은….

△ 윈루(실제 황)가 상처에 손을 갖다 대고 있는 취안성(실제 리)을 바라본다.

쯔웨이   도대체 이러는 이유가 뭐야?

△ 모두가 위쉬안(실제 천)을 바라본다.

위쉬안(실제 천) 다들 날 믿어줘. 전부 너희를 위해서 이러는 거야….

              나만 사라지면 모든 게 달라질 거야… 다들 나 좀 믿어줘….

△ 말을 마친 위쉬안(실제 천)은 윈루(실제 황)의 뒤편으로 벽 없이 뚫린 공간을 발견한다.

△ 위쉬안(실제 천)은 갑자기 몸을 떨면서 유리 조각을 쯔웨이 쪽으로 던진다.

△ 순간 쯔웨이는 손으로 날아오는 유리 조각을 막는다. 위쉬안(실제 천)이 그 틈을 타 윈루(실제 황)
  에게 달려들고, 윈루(실제 황)을 붙잡아 가장자리로 밀어낸다.

△ 취안성(실제 리)과 쯔웨이가 그 모습을 보고 다급히 다가선다.

△ 위쉬안(실제 천)과 윈루(실제 황) 두 사람이 가장자리에서 실랑이를 벌이다가 위쉬안(실제 천)이 중
  심을 잃고 뒤로 넘어간다.

윈루(실제 황)   안 돼!!!

△ Slow motion 떨어지려는 위쉬안(실제 천)을 쯔웨이가 한발 앞서 붙잡는다. 그 순간, 위쉬안(실제
  천) 역시 손을 뻗어 윈루(실제 황)의 손을 붙잡는다.

△ 취안성(실제 리)이 이번에는 통증을 참고 앞으로 뛰쳐나온다. 윈루(실제 황)가 위쉬안(실제 천)에게 붙들려 건물 아래로 떨어지지 않도록 윈루(실제 황)를 끌어안는다.

△ 위쉬안(실제 천)은 깜짝 놀라 윈루(실제 황)을 놓치고 말없이 건물 아래로 떨어진다.

△ 그때, 쯔웨이가 위쉬안(실제 천)을 보호하려고 상대를 끌어안으면서 두 사람 모두 중심을 잃고 추락한다.

△ 이번에는 추락하는 사람이 위쉬안(실제 천)과 쯔웨이로 바뀐다.

윈루(실제 황)   리쯔웨이!!!

△ 실성한 듯 소리 지르는 윈루(실제 황)의 모습과 함께 누군가 정지 버튼을 누른 듯 모든 것이 멈춘다.

S#64.

시간 : 낮
실내 : 상하이 회사 사무실
연도 : 2017년

△ 어두운 화면에서 시끌벅적한 소리가 들린다.

쑹제   O.S. 위쉬안 씨, 위쉬안 씨… 황위쉬안 씨?!
동료들   O.S. 어떡해, 구급차라도 부를까?

△ 혼잡스러운 말소리와 이름을 부르는 소리에 위쉬안은 갑자기 숨이 트이기라도 한 듯 깜짝 놀라며 일어나더니 숨을 크게 몰아쉰다.

위쉬안   리쯔웨이!!

△ 동료들이 위쉬안의 소리에 놀란다.

쑹제   괜찮아요?!

위쉬안   내… 내가 왜 여기 있지?

△ 위쉬안이 주변에 몰려든 사람들을 멍하니 바라보다가 갑자기 소지품과 워크맨을 챙겨 뛰쳐나간다.

쑹제   어디 가는 거예요?!

위쉬안   (저만치 달려 나가며) 죄송해요, 휴가 좀 낼게요.

S#65.

시간 : 밤
실내 : 빙수 가게
야외 : 폐건물 밖
연도 : 2017년 / 2014년

△ 타이베이 도심의 밤 풍경. 비행기 하나가 밤하늘을 가로지르며 착륙한다.

A. 빙수 가게

△ 영업이 끝난 빙수 가게. 쮠제가 혼자 가게를 정리하고 있다. 그때 누군가 가게에 들어온다. 쮠제가 고개를 들어 보니 위쉬안이다. 놀라기보다는 오히려 진지한 표정의 쮠제.

△ 약간의 시간 경과 후, 위쉬안과 쮠제가 가게 안에 앉아 있다. 쮠제의 표정이 매우 무겁다. 2014년으로 되돌아갔었다는 위쉬안의 이야기를 막 들은 참이다.

위쉬안 정말 무슨 일이 있었던 건지 몰라?

왜 이제껏 나한테 애길 안 한 거야?

△ 위쉬안을 바라보는 쮠제의 눈빛에 슬픔이 스치면서 다음 장면으로 전환.

B. 폐건물 밖

△ 시간은 다시 2014년 7월 10일의 밤. 쯔웨이가 위쉬안을 안고 있고, 두 사람이 피바다 속에 쓰러진 장면부터 시작된다.

△ 그때, 저만치에서 달려온 쮠제는 차마 믿기지 않는 광경에 기겁한다.

쮠제 **O.S.** 3년 전에 리쯔웨이가 내 눈앞에서 추락사한 건 맞아….

△ 쮠제는 바닥에 쓰러진 두 사람을 바라본다. 비통한 마음과 함께 눈물이 쏟아진다.

쮠제 **O.S.** 사실 우리한테도… 너한테도 너무나 잔인한 일이었어.

쯔웨이를 잃고 나서 힘들어하는 널 보니까,

속이는 것 말고는 우리도 방법이 없겠더라….

C. 빙수 가게

△ 화면은 다시 현재로 돌아오고, 위쉬안이 당혹스러운 표정을 짓는다.

위쉬안　　　우리라니?

△ 그때, 누군가가 문을 열고 가게로 들어온다. 문소리에 고개를 돌린 위쉬안, 깜짝 놀란 얼굴로
　일어서서 가까이 다가간다.

△ 카메라가 따라가 보면, 가게에 들어온 사람은 왕취안성이다.

S#66.

시간 : 밤

실내 : 빙수 가게

야외 : 폐건물 밖

연도 : 2017년

△ 위쉬안이 눈앞의 취안성을 바라보면서, 쮠제로부터 그날 이후의 이야기를 듣는다.

쮠제　　　왕취안성이 병원에서 깨어난 후에 나한테 모든 걸 알려줬어.
　　　　　　그제야 알았어. 그때 천원루가, 그러니까 네 말이 전부
　　　　　　진짜였다는 걸.

취안성　　사실, 과거를 바꾸고 싶은 사람이 너 혼자는 아니었어.
　　　　　　미래에서 온 리쯔웨이도 그랬거든.

△ 그 말에 위쉬안은 당혹감과 충격을 느낀다.

위쉬안　　　잠깐, 이해가 안 돼. 미래에서 온 리쯔웨이라니, 무슨 말이야?

△ 취안성이 위쉬안을 바라보며 자신이 알고 있는 모든 것을 천천히 이야기한다.

취안성　　　리쯔웨이의 시공간에서 7월 10일에 추락한 사람은 분명
　　　　　　　천윈루와 위쉬안, 너희 둘이었어.

△ `Insert` 쯔웨이의 시공간, 7월 10일 폐건물 밖. 위쉬안과 윈루가 바닥에 쓰러져 있고 피가 낭자
하다.

취안성　　　하지만 우리가 있는 이곳에선
　　　　　　　그게 너랑 리쯔웨이로 바뀌지….

S#67.

시간 : 낮
야외 : 주차장
연도 : 2017년

△ 옥상 주차장, 차 안에서 쯔웨이가 갑자기 깨어난다.

△ 차 안에 앉아 창문을 통해 아무도 없는 바깥을 바라본다. 막막한 얼굴로 휴대폰 액정 위의 시간
을 확인한다. 2017년 11월 6일 오후 2시.

S#68.

시간 : 저녁

야외 : 강변 공원

실내 : 폐건물

연도 : 2017년

△ 강변 공원, 쯔웨이가 손에 든 테이프를 취안성에게 건넨다.

△ 테이프를 받아 들고 자세히 살펴보는 취안성.

  취안성　　이게 과거로 돌아가게 했다는 그 테이프야?

　　　　　　(쯔웨이를 바라보며) 그렇다면 정말 과거로 돌아갔었다는 거야?

△ 쓸쓸한 표정의 쯔웨이, 고개를 살짝 끄덕인다.

△ 쯔웨이를 바라보는 취안성, 폐건물 위에서 일어난 일이 짐작된다. 마음이 함께 무거워진다.

  취안성　　과거로 돌아갈 방법을 알아내더라도

　　　　　　이미 일어난 일을 바꿀 수는 없었던 거야?

  쯔웨이　　아무리 애를 써도 위쉬안을 구할 수 없었어.

△ 쯔웨이는 취안성의 말에 눈시울이 붉어진다.

△ **Insert** 폐건물 옥상 가장자리에서 취안성(실제 리)은 모든 것이 빠져나간 듯 바닥에 주저앉아 있다. 받아들일 수 없는 눈앞의 고통과 복부의 통증이 더해져 취안성(실제 리)은 천천히 정신을 잃고 쓰러진다.

S#69.

시간: 밤 / 낮
실내: 빙수 가게 / 왕취안성의 대학교 기숙사 / 마음의 방
연도: 2017년 / 2014년

A. 빙수 가게
△ 다시 황위쉬안의 타임라인. 취안성이 후에 일어난 일을 계속 이야기한다.

취안성　　　리쯔웨이가 내 몸에서 빠져나간 후,

　　　　　　　모쥔제를 찾아와 모든 걸 털어놨어.

B. 왕취안성의 대학교 기숙사 (낮 / 2014년)
△ 쥔제가 취안성의 기숙사에 들어오고, 취안성은 칠판에 그려진 타임라인을 쥔제에게 보여준다.

취안성　　　2017년의 리쯔웨이가 그린 거야.

△ 쥔제는 칠판에 그려진 타임라인과 메모를 보고서도 도무지 믿기지 않는다.

C. 빙수 가게
△ 위쉬안 앞에 종이 한 장이 놓인다. 취안성이 그린 타임라인이다.

취안성　　　리쯔웨이의 시공간에서 7월 10일에 추락한 사람은

　　　　　　　너랑 천원루였어. 하지만 우리가 있는 이곳에선 그게 너랑

　　　　　　　리쯔웨이로 바뀌었지.

△ 종이에 그려진 타임라인을 바라보며 생각에 잠기는 위쉬안.

위쉬안	그러니까… 리쯔웨이가… 다른 시공간에 살아 있다는 말이야?
쥔제	우리 둘은 그렇게 믿고 있어….
위쉬안	이렇게 중요한 얘길 왜 나한테 숨기고 있었던 거야?
쥔제	위쉬안. 진정해.
취안성	안다고 바뀌는 건 없으니까….

D. 마음의 방 (2014년)

△ **Insert** 마음의 방. 취안성이 사방에서 안으로 투영되는 화면을 바라보고 있다. 전부 위쉬안을 그리워하며 슬퍼하는 쯔웨이의 모습이다.

△ 화면은 살짝 어렴풋하고 흐리지만, 취안성은 쯔웨이의 슬픔을 느낀다.

E. 빙수 가게

취안성	**O.S.** 만약 리쯔웨이가 7월 10일에 너를 구했다면, 아마 우린 지금 여기에 없을 거야.

△ 다시 현재. 위쉬안은 눈가에 눈물이 맺힌 채 쯔웨이가 남긴 유일한 단서를 바라본다.

쥔제	어쩌면 쯔웨이도 네가 잘 살아가길 바랄 거야.

△ 위쉬안이 쥔제를 바라본다. 이렇게 포기할 수 없다는 결연한 눈빛이다.

위쉬안	리쯔웨이도, 나도 이 사고를 피할 수 없는 거라면,

그럼 천원루는? 천원루는 지금 어디 있어?

쥔제   (고개를 저으며) 그날 이후 사라졌어. 나도 몇 년을 찾았는데
연락이 안 되더라. 그러다 1년 전쯤 인터넷에서 우연히
천원루가 찍힌 사진을 찾았어.

△ 쥔제가 손에 든 태블릿 PC를 위쉬안에게 건넨다.

△ 태블릿 PC 속 사진에는 장식품이 찍혀 있고, 초점이 흐릿한 뒤쪽으로 모임 중인 사람들의 모습
이 보인다.

△ 위쉬안이 사진을 확대하니 사람들 가운데 원루가 보인다. 원루 뒤에는 한 남자가 친밀한 사이
처럼 원루 어깨에 손을 얹고 있다.

△ 사진을 계속해서 확대하는 위쉬안, 갑자기 무언가를 발견한 듯 놀란다.

S#70.

시간 : 저녁
야외 : 강변 공원
연도 : 2017년

△ 다시 리쯔웨이의 타임라인. 쯔웨이가 괴로운 표정을 거두고 취안성을 바라본다.

쯔웨이   이제 모두 끝났다고 알려주려고 왔어. 도와줘서 고마워.

△ 쯔웨이의 마음을 이해하는 듯 취안성이 고개를 끄덕인다. 별 다른 말없이 고개를 숙인 채 손에
든 테이프 케이스를 바라본다.

△ 취안성이 가만히 보니 케이스에 있는 흠집이 어쩐지 눈에 익다. 케이스를 열어 가사집을 꺼내 보는데, 마지막 페이지에 메모가 적혀 있다. '네가 이 앨범 좋아할 것 같아서. 선물이야. –류위형'

△ 취안성이 깜짝 놀라 쯔웨이를 바라본다.

취안성　　　리쯔웨이… 이 테이프 어디서 구한 거야?

쯔웨이　　　중고 레코드점에서 샀어.

취안성　　　(믿기지 않는 듯) 이거 내가 예전에 친한 친구에게 선물 받았던
　　　　　　　테이프야….

△ 취안성의 말에 놀란 쯔웨이의 표정과 함께 다음 장면으로 전환.

S#71.

시간 : 저녁

야외 : 천원루의 상하이 집 입구

실내 : 천원루의 상하이 집

연도 : 2017년

△ 비행기가 날아가는 풍경.

△ 위쉬안이 혼자 양하오의 집 앞에 도착한다. 노크를 하려다 문이 조금 열려 있는 것을 확인하고 천천히 문을 연다.

△ 문이 열리면서 위쉬안은 과거의 기억을 떠올린다.

△ **Insert** 빙수 가게. 쥔제의 태블릿 PC를 받아 든 위쉬안은 사진 속 원루 곁에서 의외의 남자를

발견한다. 바로 양하오다.

△ 다시 현재. 위쉬안이 미심쩍은 얼굴로 양하오 집에 들어선다. 거실 불은 꺼져 있다. 통유리창으로 들어오는 달빛이 전부다. 바닥에는 빈 술병이 흩어져 있다.

위쉬안　　　양하오?

△ 천천히 거실로 들어가던 위쉬안은 저만치 방 안에서 새어 나오는 불빛을 발견한다. 다가가 문을 열면 텅 빈 병원 침대가 보인다. 의료 기계들이 주위를 둘러싸고 있다. 주위의 책이며 사진을 자세히 살펴보니 윈루의 방이다.

△ 위쉬안은 아직 상황 파악이 잘 되지 않는데, 갑자기 등 뒤에서 누군가 힘껏 위쉬안을 끌어안는다. 위쉬안이 화들짝 놀라 뿌리치려 하면 상대방은 더욱 꽉 끌어안으면서 놓지 않는다.

양하오　　　윈루 돌아왔구나! 정말로 돌아왔어!
위쉬안　　　본부장님, 저 천원루 아니에요,

　　　　　　　이거 놓으세요… 놓으라니까요!

△ 결국 기운 없는 양하오를 위쉬안이 힘껏 밀어 뿌리친다. 양하오는 벽에 부딪히면서 정신을 잃는다.

S#72.

시간 : 밤 / 낮
실내 : 천원루의 상하이 집 / 노래방 / 천원루가 일하는 레코드점
야외 : 공연장 앞

연도 : 2017년 / 2001년

A. 천원루의 상하이 집 – **거실과 연결된 침실** (2017년)
△ 드디어 천천히 깨어나는 양하오. 소파에 누워 있는 자신과 그 앞에 앉아 있는 위쉬안이 보인다.

    양하오   (머리를 아파하며) 황… 황위쉬안?

    위쉬안   깨어나셨네요. 다행히 상처는 크지 않아서 제가 잠시

                           지혈했어요.

△ 양하오는 뒤통수에 붙어 있는 핏자국 묻은 거즈를 발견하고, 조금 전 자신의 잘못을 떠올린다.

    양하오   (거즈를 누르며) 아까는 미안했어요.

    위쉬안   …이게 전부 어떻게 된 거예요?

△ 양하오는 위쉬안의 물음에 잠시 침묵했다가 결국 모든 걸 이야기하기로 마음먹는다.

    양하오   아내랑 어떻게 만났느냐고 물었던 거, 기억해요?

△   **Insert** 노래방에서 대화하는 위쉬안과 양하오 두 사람.

△ 인서트 화면 끝.

B. 공연장 밖 (2001년)
△ 원루가 비를 피하고 있다. 뒤로 우바이 콘서트의 광고판이 보인다. 곧 관객 입장이 시작하는데,
   쥔제는 아직 보이지 않는다.

△ 윈루가 계속 전화를 걸어 보지만 음성 사서함으로만 연결된다. 그때, 우산을 쓴 양하오가 공연
　장으로 입장하려다 비를 피하고 있는 윈루를 발견한다.

양하오　　　　O.S. 그때 나는 일 때문에 타이베이에 살았어요.

　　　　　　　　혼자 레코드점 구경을 자주 갔었는데,

　　　　　　　　윈루가 거기에서 일을 하고 있었죠.

　　　　　　　　둘 다 음악을 좋아해서 차차 친해졌고요.

△ Insert A 윈루가 일하는 레코드점.

△ 양하오가 CD를 들고 카운터로 와서 계산한다.

윈루　　　　　이번 주만 벌써 세 번째시네요.

양하오　　　　제가 사는 곳에 없는 앨범이 여긴 많아서요.

　　　　　　　　여기 있는 동안 많이 사 놓으려고요.

윈루　　　　　350위안입니다.

△ Insert B 윈루가 일하는 레코드점(며칠 후).

△ 또 CD를 구경하던 양하오, 친구에게 콘서트 티켓을 사고 있는 윈루의 모습을 멀찍이 떨어져 바
　라본다.

친구　　　　　여기, 티켓.

윈루　　　　　고마워, 여기 티켓 값.

친구　　　　　한 장도 사기 힘든 걸 두 장씩이나 부탁한 거 보니까

　　　　　　　　남친이랑 가는 건가 봐?

윈루	무슨 소리야. 그냥 친구랑 보러 가기로 했어.
양하오	(계산하려는) 헬로우.
윈루	또 CD 사러 오신 거예요?

△ 인서트 화면 끝. 다시 공연장 밖 화면으로 돌아온다.

양하오	**O.S.** 콘서트가 있던 날, 윈루를 봤는데 누군가를 기다리고 있더라고요. 이 기회를 놓치고 싶지 않았어요. CD만 사는 단골 손님으로 남기는 싫었거든요.

△ 양하오는 저만치에서 한 남자가 캡 모자를 쓰고 암표를 파는 듯한 모습을 보고 결심한다.

양하오	천윈루?

△ 윈루는 빗속에서 갑자기 들려오는 익숙한 목소리에 돌아본다. 양하오가 우산을 쓰고 다가 온다.

양하오	여기서 만나네요. 윈루 씨도… 누구 기다려요?
윈루	네.
양하오	비가 많이 와서 혹시 못 오는 건 아닐까요. 연락해 봤어요?

△ 윈루가 고개를 끄덕인다.

양하오	실은 내 친구도 못 온다고 해서 표가 하나 남았거든요.
	아니면, 같이 들어갈래요?
윈루	저는 조금 더 기다려 볼게요.
스태프	마지막 입장입니다! 아직 입장 안 하신 분들, 서두르세요!
양하오	들어가요. 지금 안 가면 못 볼 거예요.

△ 윈루는 여전히 쥔제의 모습이 보이지 않자, 손에 든 티켓을 바라보다가 결국 돌아서서 양하오와 자리를 뜬다.

S#73.

시간 : 낮 / 밤
실내 : 상하이 오피스 빌딩 / 상하이 카페 / 웨딩 숍
야외 : 여러 곳(데이트 장면 몽타주)
연도 : 2015~2016년

A. 상하이 오피스 빌딩 (낮, 2015년)

양하오	O.S. 전에 말했던 것처럼, 서로 알게 된 지 얼마 안 됐는데
	업무가 마무리되면서 나는 다시 상하이로 돌아왔어요.
	이제 다시는 못 만나겠구나 했는데 뜻밖의 기회가 찾아왔죠.

△ 급하게 엘리베이터에 타는 양하오, 놀랍게도 옆에 있는 사람은 윈루다.

△ 엘리베이터가 도착하자 윈루가 내리고, 양하오도 따라 내린다.

양하오	천원루?!
원루	…양하오?
양하오	오랜만이네요….
원루	네, 오랜만이에요.
양하오	…이렇게 만난 것도 인연인데, 연락처 알려줄 수 있어요?

B. 카페 (낮, 2016년)

△ 원루가 카페에서 혼자 일기를 쓰고 있다. 갑자기 맞은 편에 양하오가 불쑥 나타나 앉는다. 무심코 일기장을 덮는 원루.

△ 양하오가 들뜬 얼굴로 디즈니랜드 티켓 두 장을 꺼낸다.

양하오	상하이 디즈니랜드가 오픈했대요.
	티켓 두 장 샀는데, 같이 갈래요?
원루	저 롤러코스터 못 타요.
양하오	그럼 그건 안 타면 되죠. 디즈니 극장도 다양하고
	입체 영화관도 있으니까 우린 그거 보러 가요.
	(제스처를 하며) 도널드 덕이 코앞까지 날아와서 꽥꽥거린대요.

△ 원루가 즐거운 듯 고개를 끄덕인다.

C. 상하이 오피스 빌딩 (밤, 2016년)

△ 퇴근길, 원루가 빌딩 밖으로 나온다. 바깥에서 기다리던 양하오가 보인다.

양하오	하이, '레이 지아 뿌러 와妳呷哺了哇?'
	('밥 먹었어요?' 라는 뜻의 타이완어를 부정확하게 발음한다)

원루	뭐라고요?
양하오	밥 먹었냐고요. 이렇게 말하는 거 아니에요?
원루	(웃으며) 발음이 틀렸어요. '리 지아 빠부에哩呷飽未'예요.
양하오	(웃으며) 상하이에서 유명한 음식점 있는데 같이 안 갈래요?
	맛은 내가 보장해요.

△ 원루가 고개를 끄덕이며 응한다. 두 사람은 함께 길을 나선다.

원루	그럼 '밥 먹었어?'를 상하이에서는 어떻게 말해요?
양하오	(잠시 생각하다) '우후시농吾乎喜儂.'
원루	…우후시농.

△ 원루의 말에 양하오는 옅은 미소를 지으며 원루를 애틋하게 바라본다.

△ 원루는 영문을 모르겠다는 얼굴로 바라볼 뿐이다.

원루	진짜 뜻이 뭔데요?
양하오	당신을… 좋아해요我喜歡妳.

△ 순간 얼어붙은 원루, 고개를 들어 양하오를 바라본다. 양하오가 용기를 내 원루의 손을 잡는다.

양하오	…좋아해요. 나랑 연애하지 않을래요?

△ 부끄러운 원루는 내심 들뜨지만 양하오의 고백에 직접적인 대답을 하진 않는다. 대신 양하오의 손을 다시 잡고 놓지 않는다.

△ 의연히 원루의 손을 잡는 양하오.

△ 양하오는 환하게 웃으며 원루의 손을 더욱 꽉 잡는다.

D. 여러 곳 (낮과 밤, 2016년)

△ 몽타주 구성.

△ 그날부터 두 사람은 정식으로 연애를 시작한다. 양하오는 원루를 데리고 맛집 탐방을 자주 나선다. 유명한 햄버거 가게부터 각양각색의 요리들을 맛본다. 버블티를 마시며 쇼핑을 하기도 한다.

△ 두 사람의 데이트는 카페에서도 자주 이루어진다. 책을 읽거나 일기를 쓰며 오후 내내 앉아 시간을 보낸다.

점프컷

△ 이 날은 양하오가 원루를 음식점으로 불렀다. 원루가 막 가게로 들어서는데, 누군가 가게를 통째로 빌렸다는 걸 알게 된다.

△ 의아한 얼굴의 원루. 갑자기 친구들이 튀어나와 플래카드를 펼친다. 뒤이어 양하오가 주머니에서 반지를 꺼내더니 한쪽 무릎을 꿇으며 원루에게 프러포즈를 한다.

양하오　　　우리가 이렇게 인연이 되어 다시 만날 수 있었다는 게
　　　　　　　얼마나 기쁜지 몰라. 이제부터 빈틈없이 행복하게 해줄게.
　　　　　　　나 더 열심히 살 거야. 그러니까 나랑 결혼해줘.

△ 원루는 감동의 눈물을 흘리며 반지를 손에 낀다. 두 사람이 애틋하게 서로를 안는다.

△ 약간의 시간 경과 후 식사를 마치고 단체 사진을 찍고 있을 때, 멀지 않은 곳에서 낯선 사람이 사진을 찍고 있는 모습 보인다.

E. 웨딩 숍 (낮, 2016년)
△ 커튼이 열린다. 원루가 아름다운 드레스 차림으로 돌아선다. 정장 차림의 양하오, 그 모습에 넋
   이 나간다.

양하오   O.S. 그때 난 우리가 앞으로도 계속 행복할 줄 알았어요….

S#74.

시간 : 낮 / 밤
실내 : 회의실 / 노래방 / 천원루의 상하이 집 / 상하이 병원
야외 : 대로변
연도 : 2017년

A. 회의실 / 노래방 / 천원루의 상하이 집 / 상하이 병원 (낮/밤)
△ 몽타주 화면이 이어진다.

양하오   O.S. 결혼 후, 원루를 더 행복하게 해주고 싶어서

                제품 홍보부터 접대, 회의까지 어느 것 하나 빠지지 않았어요.

△ 회의실에 있는 양하오. 쑹제와 다른 동료들이 새로운 앱의 프로모션으로 회의가 한창이다.

△ 양하오가 노래방에서 고객에게 술 접대를 한다. 쑹제도 한쪽에서 거든다. 그때, 양하오의 휴대
   폰이 울린다. 원루의 전화다. 양하오는 일단 전화를 끊고, 고개를 돌려 술을 단번에 마신다.

△ 전화가 끊기자, 집에 있던 원루는 임신으로 부른 배를 손으로 받치며 벽에 걸린 시계를 바라본
   다. 어느새 벌써 밤 10시에 가까운 시각. 먼저 저녁을 먹어야겠다고 마음먹는다.

△ 그때 주방에서 국 끓는 소리가 들린다. 가스 불을 끄려고 작은 계단을 오르는데, 갑자기 아래층

테이블 위에 놓인 전화기가 울린다. 전화를 받으려고 무심코 돌아서는 순간 발을 헛딛고, 계단 아래로 굴러 배가 땅에 닿은 채로 쓰러진다.

△ 바닥에 엎드린 윈루는 너무 아파 일어서지 못한다. 주방에서는 국이 여전히 바글바글 끓는다. 바닥 위로 피가 섞인 양수가 흘러나온다. 윈루가 정신을 잃을 때까지 전화기가 계속 울린다.

점프컷
△ 병원 수술실 앞. 양하오가 망연한 얼굴로 의사의 이야기를 듣고 있다.

의사　　　　저희도 최선을 다했습니다만,

　　　　　　유감스럽게도 아이는 지키지 못했습니다….

△ 의사가 자리를 뜨고, 양하오는 맥없이 울부짖는다.

양하오　　　　O.S. 아이를 잃고 윈루는 큰 충격을 받았어요.

　　　　　　우울증이 깊어지기 시작했죠. 돕고 싶었어요.

　　　　　　윈루를 정말 도와주고 싶은데,

　　　　　　뭘 어떻게 해야 할지 모르겠더라고요.

B. 윈루의 상하이 집 (밤)
△ 아이를 잃은 윈루는 깊은 우울에 빠진다. 방에 틀어박혀 일기만 쓰는 날이 계속된다.

△ 양하오가 문을 열고 방으로 들어가지만, 윈루는 양하오를 상대하지 않는다.

양하오　　　　여보, 밥 다 됐어. 같이 먹자.

윈루　　　　（일기를 끄적이며) 나는 엄마 될 자격이 없는 게 아닐까?

그래서 아이를 지키지 못한 거야.

양하오 (안으며) 아이는 돌아올 수 없지만 그래도 우린 살아야지.

그리고 당신 옆엔 내가 있잖아.

윈루 내가 넘어지지 않았더라면…

내가 전화를 받으러 가지 않았더라면…

(양하오를 뿌리치고) 당신이 내 전화를 받았더라면

이런 일은 없었을 거야.

양하오 …이러지 마. 나도 지금 이 상황이 싫지만, 이미 일어난 일이야.

다시 되돌릴 수 없다고.

△ 양하오의 말에 윈루는 갑자기 일기를 뒤적이다 생각에 잠긴다. 그러다 갑자기 동작을 멈추더니 후회하듯 머리를 부여잡고 울기 시작한다.

△ 등 뒤에서 양하오가 괴로운 얼굴로 모든 걸 지켜보지만 어떻게 해야 할지 난감하기만 하다. 한쪽 테이블 위로 우울증 약이 보인다.

C. 대로변 (밤)

△ 마트에서 장을 보고 집으로 향하는 윈루. 여전히 슬픔 가득한 표정이다.

△ 길을 건너는데, 양하오에게 메시지가 온다. 야근 때문에 귀가가 늦을 거라는 내용이다.

△ 윈루는 메시지를 가만히 바라보고 갑자기 얼어붙은 듯 서 있다. 순간 계단 아래로 굴러떨어지던 당시의 기억들이 머릿속을 스친다. 그날의 저녁 식사와 바글바글 끓던 국, 휴대폰 벨소리, 사람들과 술을 마시던 양하오의 모습까지….

△ 대로 한가운데에 미동도 없이 서 있는 윈루를 향해 차 한 대가 정면으로 달려온다.

양하오 O.S. 그날 이후 윈루는 혼수상태에 빠졌어요. 온몸에

호스를 달고 누워 있는 윈루를 보는데 후회스럽더라고요.
엘리베이터에서 윈루를 만나지 말았어야 했던 건 아닐까,
연락처를 주고받지 말았어야 했는데, 애초에 서로를 만나는 게
아니었는데.

D. 윈루의 상하이 집 (밤)

△ 그날 이후, 윈루는 깊은 혼수상태에 빠져 침대에 누워 있다. 생명 유지 장치들이 주변에 가득
　하다.

△ 방으로 들어온 양하오. 길고도 깊은 잠에 빠진 채 누워 있는 윈루를 바라보다 머리카락을 살짝
　들추며 이마에 입을 맞춘다.

△ 약간의 시간 경과 후 양하오가 면봉에 물을 묻혀 윈루의 입술을 촉촉하게 적신다. 세심하게 윈
　루를 보살피는 모습이다.

△ 양하오가 윈루의 방에서 상자 하나를 발견한다. 윈루가 과거에 쓰던 물건과 잡동사니가 안에
　가득 들어 있다.

△ 상자 안에서 테이프와 낡은 일기장을 꺼내는 양하오. 궁금한 듯 일기장을 들고 나지막이 읽
　는다.

양하오　　　o.s. 곧 사라져 버릴 것을 움켜쥐려 애쓰는 건 얼마나 어리석은
　　　　　　　　일일까. 꿈에서 깨어난다 해도 작별 인사는 못 할 것 같아.
　　　　　　　　널 잊어버릴까 봐 네게서 눈을 뗄 수가 없어….

S#75.

시간 : 저녁

실내 : 천원루의 상하이 집 / 상하이 회사 사무실

연도 : 2017년

△ 화면은 다시 현재로 돌아오고, 위쉬안이 놀란 얼굴로 양하오를 바라보고 있다. 양하오는 종이 상자 안에서 일기장을 꺼낸다.

    양하오   원루 일기에 또 다른 자신을 만났다는 이야기가 나와요.

                      아주 밝은 성격에, 이름은 황위쉬안이라고 하더군요.

                      처음엔 이해가 되지 않았어요. 그저 상상인 줄만 알았죠.

                      그런데 위쉬안 씨를 만나고, 원루와 똑같이 생긴 걸 보고서

                      알았어요. 일기 속 내용이 진짜였다는 걸.

△ Insert 사무실에서 위쉬안을 처음 만난 날, 양하오는 속으로 무척이나 놀란다.

△ Insert 양하오가 방에서 계속 일기를 읽는다.

    양하오   흥겨운 멜로디의 음악을 따라 나는 시간을 거슬러 올라가는

                      자유를 누린다. 꿈인지 현실인지 분간하기 어렵지만

                      황위쉬안의 세계에 떨어졌다는 것만은 기억한다.

                      생긴 건 똑같지만 전혀 다른 삶을 사는 세계로.

△ 다시 현재. 양하오가 살짝 제정신이 아닌 얼굴로 위쉬안을 바라보고 있다.

    양하오   원루의 일기를 보고 나서야 모든 퍼즐이 맞춰지더군요.

                      원루는 당신의 기억에서 그 테이프를 듣고 과거로 돌아가는 걸

봤다고 했어요.

△ 이야기를 할수록 양하오는 감정이 격해진다. 위쉬안은 양하오의 변화를 차차 알아차린다.

양하오   그래서 생각했죠. 그 테이프를 듣고 원루가 정말 과거로
돌아갔던 거라면, 그럼 나도 가능하지 않을까.

△ **Insert** 양하오가 이어폰을 귀에 꽂는다. 워크맨의 재생 버튼을 누르고 눈을 감는다.

양하오   O.S. 하지만 아무리 해 봐도 소용이 없었어요.
결국, 침대에 누워 있는 원루에게 해 보기로 했죠.

S#76.

시간 : 저녁
실내 : 천원루의 상하이 집
연도 : 2017년

△ 양하오가 원루 곁에 꿇어앉아 원루의 귓가에 대고 작은 소리로 말한다.

양하오   원루, 당신이 일기장에 언급했던 황위쉬안을 만났어.
당신 말처럼 정말 당신이랑 똑같이 생겼더라.

△ 양하오가 이어폰을 원루 귀에 꽂는다.

양하오 만약 당신이 과거로 돌아갈 수 있다면, 나는, 당신이 그곳에서 잘 살기만 바랄 뿐이야. 우리가 함께해서 당신이 이렇게 된 거라면, 그럼 차라리 시작도 하지 않는 게 나을 테니까.

△ 양하오가 재생 버튼을 누른다. 우바이의 노랫소리가 이어폰을 타고 흘러나온다. 원루의 눈에서 한 줄기 눈물이 흐른다.

S#77.

시간 : 낮
실내 : 동거하는 집 / 리쯔웨이의 작업실 / 천원루의 상하이 집 / 폐건물
야외 : 리쯔웨이의 작업실 앞
연도 : 2014년

△ 낮 시간을 가리키는 시계. 시간이 2014년 7월 8일 아침 9시로 되돌아간다.

△ 위쉬안(실제 천)이 침대에서 깨어난다. 황위쉬안에 대한 수많은 기억이 머릿속을 스친다. 원루는 믿을 수 없는 듯 자신을 매만진다. 다리를 움직여 보고 두 손을 펼쳐 보다가 주위를 살핀다.

△ 위쉬안(실제 천)이 방에서 나와 위쉬안과 쯔웨이의 집을 바라본다. 거울 속 자신을 보는데 도저히 믿을 수 없다.

△ 위쉬안(실제 천)이 휴대폰에 지문을 인식하자 잠금이 해제된다.

위쉬안(실제 천) 정말 2014년으로 돌아왔어.

A. 리쯔웨이의 작업실 앞

△ 화면이 전환되면, 위쉬안(실제 천)이 리쯔웨이 작업실로 걸어가면서 위쉬안의 SNS 기록을 보고 있다.

△ 위쉬안(실제 천)이 누군가 우는 소리에 고개 들어 보면, 원루(실제 황)가 쯔웨이를 안은 채 울고 있다.

B. 리쯔웨이의 작업실

쥔제　　　　그러니까 네 말은. 넌 우리가 아는 그 천원루가 아니라

　　　　　　　3년 후 미래에서 온 황위쉬안이라는 말이지?

△ 원루(실제 황)가 그 말에 고개를 끄덕인다.

△ 그때, 한쪽에 앉아 있던 위쉬안(실제 천)은 주먹을 꽉 쥔 채 긴장한 얼굴이다.

C. 동거하는 집

△ Insert - S#40. 위쉬안(실제 천)이 야식을 들고 집으로 찾아온 원루(실제 황)를 바라본다.

위쉬안(실제 천) 뭐 좀 물어봐도 돼?

원루(실제 황) 뭔데?

위쉬안(실제 천) 미래에 대해서….

원루(실제 황) 사실… 미래를 겪긴 했지만, 내일 당장 무슨 일이 있었는지는

　　　　　　　　하나도 기억이 안 나…

△ Insert 과거 황위쉬안의 기억. 주방에서 무심코 식기류를 두 개 챙겨 식탁 위에 내려놓고 식탁 옆에 앉아 있는 쯔웨이와 대화를 하려는데.

△ 눈앞의 쯔웨이는 미소만 지을 뿐 말이 없다. 위쉬안은 그제야 혼자라는 걸 깨닫는다. 눈앞에 있

던 쯔웨이의 환영이 사라지자 위쉬안은 혼자 식사를 시작한다.

원루(실제 황)　　V.O. 시간이 지나면 무슨 일이 있었는지 떠오를 거라고
　　　　　　　　생각했어. 근데 아니더라. 아무것도 생각나질 않아.

△ 시간은 다시 2014년 7월 9일 저녁. 위쉬안이 눈물을 참으며 이야기를 계속한다.

원루(실제 황)　　O.S. 그러다 깨달았어. 그날 어떤 일이 있었는지, 그리고
　　　　　　　　생각이 난다 해도 그 사람을 되돌릴 수는 없다는 걸….

△ 원루(실제 황)는 눈물을 흘리며 이야기를 이어 가고, 위쉬안(실제 천)은 표정이 점점 어두워진다.

원루　　　　　V.O. (일기를 읽으며) 곧 사라져 버릴 것을 움켜쥐려 애쓰는 건,
　　　　　　　　얼마나 어리석은 일일까.

△ Insert 양하오가 원루의 침대 옆에서 일기를 읽고 있다. 두 사람의 목소리가 하나로 겹쳐진다.

원루 · 양하오　　(일기를 읽는) 꿈에서 깨어난다 해도 작별 인사는 못 할 것 같아.
양하오　　　　(일기를 읽는) 널 잊어버릴까 봐 네게서 눈을 뗄 수가 없어….

△ 시간은 2014년 7월 9일 저녁으로 돌아온다. 원루(실제 황)의 마음속 이야기와 양하오가 침대 옆에서 원루에게 건네는 이야기가 교차하며 겹쳐진다.

원루(실제 황)　　그 사람을 보내고 싶지 않아, 정말 이렇게는 못 보내겠어….

양하오	원루, 나 당신 꿈 꿨는데, 당신도 꿈에서 나 보였어?
원루(실제 황)	그 사람 없는 세상에서 나 혼자 살아가는 건, 정말 너무 힘들고 괴로우니까…. 그래서 날 속이기로 했어. 그 사람은 내 옆에 있다고, 단 한 번도 날 떠난 적 없다고….
양하오	(일기를 읽는) 눈앞의 저 남자는 청춘의 기억을 간직한 채, 늘 빗속을 맴돌다 떨어졌지….
원루(실제 황)	세상에 홀로 남겨진 현실을… 바꿀 수 없는 거라면, 그럼 적어도 둘이 함께하는 꿈속으로 숨을 순 있잖아….
양하오	(일기를 읽는) 이건 꿈일까?
양하오 · 원루	(일기를 읽는) 어째서 너희는 내 꿈에서만 존재하는 걸까.
원루	V.O. (일기를 읽는) 죽음이야말로 가장 현실적인 꿈이 아닐까.

△ 위쉬안(실제 천)은 마음속으로 한 가지 결정을 내린다.

D. 리쯔웨이의 작업실

△ Insert - S#43. 위쉬안(실제 천)이 휴대폰 메시지를 확인한다. 모르는 번호로부터 온 메시지다. '너 천원루 맞지? 나는 2017년에서 온 리쯔웨이야. 아직 우리가 이 모든 걸 막을 수 있어.'

△ 메시지를 확인한 위쉬안(실제 천)의 얼굴색이 변한다. 휴대폰을 들고 바깥으로 나간다.

E. 폐건물

△ 시간은 다시 7월 10일 저녁의 폐건물 옥상.

△ 위쉬안(실제 천)이 유리 조각을 집어 들고 손에 꽉 쥔다.

△ Insert 양하오가 원루의 침대 옆에 앉아 슬픈 마음을 털어놓는다.

양하오   만약 당신이 과거로 돌아간다면 나는 당신이 그곳에서

잘 살기만 바랄 뿐이야. 우리가 함께해서 당신이 이렇게

된 거라면. 그럼 차라리 시작도 하지 않는 게 나을 테니까….

△ Insert 7월 8일, 원루(실제 황)가 리쯔웨이의 작업실에서 위쉬안(실제 천)에게 이야기하고 있다.

위쉬안(실제 천) 리쯔웨이가 없으면 사는 게 얼마나 고통스러울지…

이 세상에서 오직 너만은 알 테니까….

△ Insert 양하오가 원루의 침대 옆에서 비통하게 울기 시작한다.

△ Insert 작업실에서 결연한 표정으로 쯔웨이를 지키고 있는 원루(실제 황).

△ Insert 폐건물 밖. 쯔웨이가 위쉬안을 안고 바닥에 떨어져 있다. 한쪽에서 쥔제가 통곡한다.

△ Insert 동거하는 집. 원루(실제 황)가 마음속 이야기를 털어놓다가 눈물을 흘린다.

△ Insert 고통 속에 피를 흘리며 쓰러지는 원루, 의식이 점점 흐릿해진다.

△ Insert 대로 한가운데에 서 있는 원루를 향해 갑자기 차 한 대가 달려온다.

위쉬안(실제 천) V.O. 모든 게… 나 때문에 벌어진 건 아닐까.

애초에 내가 없었더라면,

이렇게 모두를 괴롭게 만들지 않았을 텐데…

나만 사라지면,

어느 누구도 서로를 잃지 않을 텐데….

F. 동거하는 집

△ 7월 9일 저녁. 위쉬안(실제 천)이 원루(실제 황)의 이야기를 듣고 난 뒤, 고개를 살짝 끄덕이고는 원루(실제 황)를 안는다.

△ 동시에 위쉬안(실제 천)의 눈에서 슬픔의 눈물이 흐른다.

G. 폐건물 옥상

△ 시간은 다시 2014년 7월 10일 저녁의 폐건물 옥상.

위쉬안(실제 천)　v.o. 지금의 나만 사라지면…

이 모든 일들은 일어나지 않을 거야.

△ 옥상에서의 장면들이 짧게 스친다.

△ 유리 조각을 들고 있는 위쉬안(실제 천)이 원루(실제 황)에게 달려든다.

△ 위쉬안(실제 천)이 원루(실제 황)을 붙잡아 폐건물 옥상 가장자리로 민다.

△ 위쉬안(실제 천)이 발을 헛디디며 옥상 바깥으로 떨어지려 한다.

△ 위쉬안(실제 천)이 자신을 붙잡고 있는 쯔웨이를 뿌리치면서, 원루(실제 황)를 붙잡아 옥상 밖으로 잡아당긴다.

△ **Slow Motion** 위쉬안과 원루가 떨어지려는 찰나, 갑자기 공중에서 쯔웨이가 위쉬안을 안고 있는 장면으로 바뀐다. 곧이어 바닥으로 떨어지는 두 사람. 장면은 또다시 바뀌고, 바닥에 누워 있는 사람은 위쉬안과 원루로 바뀐다.

(참고: 두 시공간에서 벌어진 결과가 계속 전환된다)

S#78.

시간: 저녁
실내: 천원루의 상하이 집
연도: 2017년

△ 원루의 몸에 연결된 심전도 모니터에서 파형이 갑자기 일직선으로 바뀌었다가 몇 초 후 다시 움직인다. 그 모습을 양하오가 바라본다.

양하오   O.S. 문득 느낌이 왔어요.
                눈에 보이는 변화는 없지만, 원루가 성공했다고.

△ 시간의 흐름 속에서 양하오가 원루의 귀에 이어폰을 꽂고, 또 꽂는다.

양하오   O.S. 그렇게 계속 시도하는 것 말고는 방법이 없었어요.
                당시에는 전혀 몰랐어요. 그렇게 반복해서 노래를 들려주는 게
                원루를 약하게 만든다는 사실을.

△ 갑자기 원루가 몸을 부르르 떤다. 그러다 침대에 평평하게 누운 채 미동도 하지 않는다. 심전도 모니터의 파형이 일직선으로 바뀌면서 삐 소리를 길게 낸다.

양하오   원루? 원루, 이러지 마!

S#79.

시간 : 저녁
실내 : 천원루의 상하이 집
야외 : 천원루의 상하이 집 입구
연도 : 2017년

△ 시간은 다시 현재로 돌아온다. 양하오가 갑자기 울상인 얼굴로 위쉬안에게 다가와 붙잡고 애원한다. 너무 세게 붙잡아서 위쉬안은 벗어날 수 없다.

양하오   그래서 내가 그 테이프를 위쉬안 씨에게 보낸 거예요.

도와줘요, 정말 과거로 돌아갈 수 있는 거라면….

제발 부탁인데 나 대신 원루 좀 구해줘요.

원루가 그냥 살 수만 있게 해줘도 좋고,

아니면 나랑 만나지 말라고 얘기해줘도 좋으니까,

우리 원루 좀 구해줘요, 제발.

△ 양하오의 행동에 위쉬안은 화들짝 놀라고, 밖으로 나가려 일어선다.

위쉬안   전 못해요. 천원루 일은 저도 유감이지만…. (양하오가 말을 자른다)
양하오   (따라서 벌떡 일어나며) 말도 안 돼!

그럼 원루가 일기장에 쓴 건 전부 뭐야?

1998년에 있었던 일이라고 써 놓은 건 또 어떻게 된 거냐고?
위쉬안   (물러서며) 나도 할 만큼 해 봤어요!

하지만 누구도 구하지 못했고, 아무것도 바꾸지 못했어요….

양하오　　　거짓말! 하기 싫은 거겠지!

△ 이성을 잃은 양하오가 위쉬안에게 달려들어 가방을 빼앗는다. 가방을 뒤져서 테이프가 들어 있는 카세트를 찾아낸다. 양하오는 위쉬안을 벽으로 밀친 뒤, 과거로 돌아가게 만들기 위해 이어폰을 강제로 귀에 꽂으려 한다.

위쉬안　　　(발버둥 치며) 이거 봐요. 내가 도울 수 있는 게 아니에요.
　　　　　　　천원루를 돌려보내도 결과는 똑같아요.
　　　　　　　(소리치며) 원루는 또다시 자신을 죽이고 싶어질 뿐이라고요!

△ 위쉬안의 말에 양하오는 순간 얼어붙는다. 원루가 과거로 돌아가 스스로를 죽였을 거라고는 예상하지 못했다.

양하오　　　뭐라고? 제대로 좀 말해 봐!
위쉬안　　　천원루가 2014년으로 돌아간 결과는 딱 두 가지였어요.
　　　　　　　하나는 나와 리쯔웨이가 함께 추락해서 쯔웨이는 죽고 나만
　　　　　　　살아남은 결말, 다른 하나는… 나와 천원루 둘 다 죽는 결말.

△ 양하오가 놀란 얼굴로 위쉬안을 바라보고 있다.

위쉬안　　　당신은 처음부터 틀렸어요. 천원루도 나도 아무리 노력한다
　　　　　　　한들 아무것도 바꿀 수 없었어요. 변화는 우리 몫이
　　　　　　　아니니까요.

△ 위쉬안은 양하오가 넋 놓고 있는 사이 양하오를 밀친다. 양하오가 넘어지자 위쉬안은 가방과 바닥에 떨어지면서 망가진 워크맨을 서둘러 주워 들고 집 밖으로 뛰쳐나간다.

△ 출입문을 나서는 순간, 위쉬안이 고개 돌려 양하오를 흘끗 쳐다본다. 양하오는 쫓아오지 않고 가만히 바닥에 앉아 있다.

점프컷

△ 양하오 집에서 나온 위쉬안이 워크맨을 살펴보니 망가져 있다. 테이프를 꺼내려고 하지만 안에 끼어서 나오지 않는다.

△ 당황한 위쉬안이 테이프를 고치려고 하지만, 만질수록 테이프는 점점 더 망가진다.

S#80.

시간 : 저녁

야외 : 강변 공원 / 왕취안성의 대학교 기숙사 / 주차장

연도 : 2017년

△ 또 다른 리쯔웨이가 살고 있는 시공간으로 돌아와 S#70.을 이어 간다. 취안성이 쯔웨이에게 테이프의 유래에 대해 이야기한다.

취안성   2014년에 이사하면서 이 테이프를 잃어버렸어.

　　　　　　　한참을 찾아도 안 보였는데.

△ **Insert** 이삿짐 트럭이 기숙사 입구를 막 나서는데, 코너를 도는 순간 바퀴가 구멍에 끼어 버린다. 그때 상자 하나가 트럭에서 인도로 떨어진다.

취안성   몇 년이 지나 여기서 이걸 찾을 줄이야….

△ 쯔웨이가 그 말에 살짝 놀라며 취안성을 바라본다.

쯔웨이   이 테이프가 어떻게 과거로 돌아가게 해준 걸까?

△ 고개를 젓는 취안성, 깊은 생각에 잠긴 듯하다.
△ 쯔웨이가 테이프를 바라보며 미안한 얼굴을 한다.

쯔웨이   미안… 그렇게나 중요한 건데,
          그것도 모르고 테이프를 망가뜨렸네.

△ 그때, 취안성 손에 마그네틱 필름이 훼손된 테이프가 보인다.
△ Insert 주차장에서 깨어난 쯔웨이가 다시 과거로 돌아가기 위해 재차 재생을 시도한다.
△ 쯔웨이가 되감기 버튼을 누르지만 아무런 반응이 없다. 심지어 꺼내기 버튼을 눌러도 테이프가 나오지 않는다.
△ 쯔웨이가 절박한 심정으로 꺼내기 버튼을 마구 누른다. 결국 테이프가 밖으로 나오는데, 마그네틱 필름이 마구 뒤엉킨 상태다.

S#81.

시간 : 저녁
실내 : 동거하는 집

야외 : 동거하는 집 발코니

연도 : 2017년

△ 두 개의 시공간을 교차 편집한 몽타주 구성.

A. 동거하는 집

△ 쯔웨이가 집으로 돌아온다. 손에 들고 있던 물건을 내려놓고 작업용 책상 앞에 앉는다.

△ 책상 위에 놓인 그림을 바라본다. 반쯤 그린 위쉬안의 초상화 스케치다.

B. 동거하는 집 발코니

△ 위쉬안은 둘이 함께 살았던 집으로 돌아온다. 손에 들고 있던 물건을 내려놓고 피곤한 듯 발코니 의자에 앉는다.

△ A 장면과 B 장면으로 화면 분할.

△ 위쉬안과 쯔웨이는 각자의 시공간 안에서 서로를 그리워한다.

위쉬안	리쯔웨이… 여기 있는 거지?
쯔웨이	너 여기 있는 거 알아… 그치….
위쉬안	이제 난….
쯔웨이	이제 난….
위쉬안	다신 널 만날 수 없는 거겠지….

△ 쯔웨이가 아무도 없는 거실을 바라본다. 위쉬안도 똑같이 바라본다.

위쉬안	과거로 돌아가서 아무것도 바꾸진 못했지만, 적어도 이제는

알아. 또 다른 시공간에서 네가 잘 살고 있을 거라는 걸.

△ 씁쓸하게 웃는 쯔웨이.

△ 위쉬안은 말과는 다르게 차마 포기가 되지 않는 듯 눈물을 흘린다.

△ 또 다른 시공간에서 쯔웨이 역시 눈물을 흘린다. 끊어졌다 이어졌다 하며 음정이 맞지 않는 노래를 계속해서 듣고 있다.

점프컷

쯔웨이/위쉬안　　V.O. 내가 여기 있다는 건, 네가 죽었다 의미겠지.

난 도저히 그 사실을 받아들일 수 없었어.

내가 구하고 싶은 건 너였고,

네가 살리고 싶은 건 나였으니까.

△ 소파에 앉아 있는 위쉬안, 망가진 테이프를 손에 쥐고 있다.

△ 소파에 앉아 있는 쯔웨이, 망가진 테이프를 손에 쥐고 있다.

쯔웨이/위쉬안　　V.O. 더 이상은 네가 이 고통을 반복하지 않게⋯

이 마지막 '라스트 댄스'를 듣고 나면

내가 없는 세상에서, 네가 잘 살아가기를 바랄 뿐이야.

△ 두 사람, 동시에 집에 있는 음향 기기를 바라본다. 마지막으로 우바이의 '라스트 댄스'를 들을 생각이다.

△ 쯔웨이가 일어서서 손에 든 테이프를 음향 기기에 넣는다. 위쉬안도 같은 행동을 한다.

△ 잡음이 가득하고 음정이 맞지 않는 멜로디가 끊어졌다 이어졌다 반복하며 두 사람의 귓가에

들려온다.

△ 괴로운 듯 울기 시작하는 위쉬안.

△ 쯔웨이도 차마 놓아지지 않는 듯 눈물을 흘린다.

△ 불안정한 음정의 노래를 따라 위쉬안이 소파 위에 손을 올리면, 쯔웨이도 소파 위에 손을 올린다. 두 사람이 해변에서 처음 손을 잡던 그날처럼.

△ 쯔웨이의 손이 옆으로 살짝 이동하자, 손가락이 위쉬안의 손을 건드리는 것만 같다. 이때, 분할 화면 속 두 사람이 마치 서로를 느낀 듯 상대를 바라본다. 끊기던 노래가 갑자기 매끄럽게 재생된다. 두 시공간에서 흐르던 노랫소리가 하나로 합쳐지자 귀에 익숙한 '라스트 댄스'가 되어 흐른다.

△ 위쉬안과 쯔웨이의 분할 화면이 카메라 이동에 의해 마치 시공간이 합쳐지며 하나가 된 것처럼 보인다. 두 사람은 동시에 현기증을 느끼며 같은 시간으로 되돌아가는데.

S#82.

시간 : 밤 / 낮
실내 : 폐건물 / 마음의 방
야외 : 폐건물 밖
연도 : 2014년

△ 7월 8일, 9일, 10일에 일어났던 일들이 짧은 화면으로 빠르게 스쳐 간다. 그러다 폐건물 옥상에서 시간이 멈춘다.

△ **Slow Motion** 위쉬안(실제 천)이 건물 밖으로 떨어지려는 순간, 쯔웨이가 달려들어 원루(실제 황)를 붙잡는다.

△ **Slow Motion** 위쉬안(실제 천)이 쯔웨이의 손을 뿌리치며 다른 손으로 원루(실제 황)를 잡아당긴다.

하지만 이번에는 이전과 조금 다르게 쯔웨이와 원루(실제 황)가 동시에 손을 뻗어 위쉬안(실제 천)을 붙잡는다. 두 사람은 아직 기회가 있다는 생각에 위쉬안(실제 천)을 위로 끌어 올리려고 이를 악문다. 부상을 당한 취안성(실제 리) 역시 달려와 원루(실제 황)가 떨어지지 않도록 꽉 붙잡는다. 운명이 바뀌는 타이밍이라고 모두가 믿고 있던 바로 그 순간.

△ **Slow Motion** 위쉬안(실체 천)은 건물 위로 끌어 올려지지 못한다. 무게 중심이 너무 뒤에 있던 탓에 오히려 나머지 두 사람이 빠르게 끌려간다. 힘이 달리기 시작한 원루(실제 황)가 손을 놓지만, 쯔웨이는 위쉬안(실제 천)을 더욱 꽉 붙잡는다. 다음 순간, 위쉬안(실제 천)과 쯔웨이가 동시에 건물 아래로 떨어진다.

원루(실제 황)　　안 돼!

△ 취안성(실제 리)이 옥상 가장자리로 바짝 다가간다. 모든 걸 막아 내기에는 늦어 버렸다.

△ 취안성(실제 리)은 복부에 난 상처의 통증 때문에 천천히 바닥에 앉는다. 원루(실제 황)가 다가가 두 사람은 함께 옥상 가장자리 가까이에 앉는다.

△ 원루(실제 황)가 취안성(실제 리)의 손을 잡는다. 고통스러운 얼굴로 서로를 바라보는 두 사람.

원루(실제 황)　　리쯔웨이… 우리가 아무리 애를 써도,

　　　　　　　　　결국엔 아무것도 바꿀 수 없는 거지?

취안성(실제 리)　(위쉬안을 안심시키려 애써 미소 지으며) 위쉬안, 그렇지 않아.

　　　　　　　　　아무것도 바꾸지 못한 건 아니야. 적어도…

　　　　　　　　　이렇게 얼굴을 보면서 마지막 인사는… 나눌 수 있잖아.

△ 원루(실제 황)가 눈물을 흘린다. 미소 지으려 애쓰는 취안성(실제 리)의 얼굴을 보며 원루(실제 황)는 마음이 더 아파온다. 취안성(실제 리)의 손을 더욱더 꽉 잡는다.

△ 취안성(실제 리)이 눈물을 한 방울 흘린다. 천천히 원루(실제 황)에게 다가가는데….

△ **Insert** 함께 새해맞이를 하는 쯔웨이와 위쉬안. 두 사람이 손을 맞잡고 사랑스럽게 서로를 바라본다.

△ **Insert** 이사 후 집 정리를 마친 두 사람. 옥상에서 서로를 안은 채 장난을 친다.

△ 시간은 다시 2014년의 폐건물 옥상으로 돌아온다. 달콤한 추억과 함께 서로에게 가까워지는 두 사람. 마지막으로 입을 맞춘다.

S#83.

시간 : 밤
실내 : 마음의 방
야외 : 폐건물 밖
연도 : 2014년

A. 마음의 방 A
△ 원루가 붉어진 눈으로 혼자 마음의 방에 있다. 마지막으로 작별 인사를 나누는 위쉬안과 쯔웨이를 바라본다.

원루   왜. 대체 왜⋯.

B. 마음의 방 B
△ 마음의 방에서 취안성이 눈앞의 원루(실제 황)를 바라본다. 쯔웨이의 기억이 담긴 화면들이 하나씩 눈앞을 스치며 사라진다. 쯔웨이의 슬픔과 무력감을 전부 느낀다.

△ 이때, 마음의 방 안에 흐릿한 문 하나가 보인다. 천천히 다가가 보는데.

C. 마음의 방 A

△ 갑자기 등 뒤에서 파도 소리가 들려온다. 원루가 돌아보니 취안성이 천천히 다가오고 있다.

△ 취안성을 보고는 갑자기 벌벌 떨며 뒷걸음질 치는 원루, 이 상황을 어떻게 대처해야 할지, 이제는 미래를 어떻게 바꿔야 할지 난감하기만 하다. 두려운 마음에 붉어진 눈으로 계속 뒷걸음질만 친다.

△ 원루 앞으로 다가온 취안성은 원루에게 눈빛으로 이야기한다. 모두 다 괜찮을 거라고. 그러고는 원루를 품 안으로 깊이 안는다. 원루는 눈물을 참지 못하고 소리 내어 크게 울기 시작한다.

원루　　　　V.O. 내가 용기를 낼 수 있다면… 그저 딱 한 번만이라도.

△ 서로를 끌어안은 두 사람, 마음의 방에서 점점 흐릿하게 사라진다.

D. 폐건물 밖

△ 폐건물 밖, 피가 흥건한 바닥에 쓰러져 있던 쯔웨이는 손이 아래로 늘어지면서 영원히 세상을 떠난다.

쯔웨이　　　　V.O. 악몽 꿨어? 어떤 악몽?
위쉬안　　　　V.O. 꿈에서 네가 나를 아주 꽉 안고 있다가….

△ 폐건물 밖, 카메라가 천천히 뒤로 멀어진다. 피바다에 쓰러져 있는 쯔웨이는 여전히 위쉬안을 꼭 안고 있다.

위쉬안　　　　V.O. 갑자기 사라져 버렸어….
쯔웨이　　　　V.O. 걱정 마, 꿈일 뿐이야. 난 아무 데도 가지 않을 거야.

△ 쯔웨이의 죽음과 함께 취안성의 마음의 방을 채우던 기억 역시 사라진다.

△ 동시에 우바이의 '라스트 댄스' 노래가 끝난다.

S#84.

시간 : 낮

실내 : 왕취안성의 대학교 기숙사 / 천원루의 타이베이 집 / 폐건물

야외 : 해변

연도 : 2014년

△ 타이베이 도시 풍경.

△ 자막 : 한 달 후, 2014년 8월 12일

△ 위쉬안의 타임라인 속, 취안성이 짐을 싸느라 바쁘다. 여기저기 종이 상자가 쌓여 있고 방은 이미 반 정도 비어 있다.

△ 사건 이후 다시 힘을 내려고 부단히 노력한 듯 헤어 스타일이 달라져 있다.

△ 상자를 옮기려는데, 무거운 물건을 들어서인지 복부에 미약한 통증이 느껴진다. 그때, 초인종이 울린다. 하던 일을 멈추고 출입문으로 향하는 취안성.

△ 문이 열리자, 뜻밖에도 원루가 서 있다.

취안성　　　　천원루?!

△ 잠시 후, 어느새 안으로 들어온 원루. 취안성이 물을 따르고 있다.

원루　　　　정말 미안해….

△ 일단 별 반응이 없는 취안성, 고개를 돌려 원루를 바라본다. 예측할 수 없는 눈빛이다.

△ 취안성이 어떤 마음인지 알 수가 없어 원루는 살짝 겁이 난다. 그때, 입을 여는 취안성.

취안성　　　　병원에 데려다줘서 고마워. 나를 또 구해줬네.

△ 원루는 살짝 의아한 얼굴로 고개 들어 취안성을 바라본다. 곧이어 취안성이 건네는 물컵을 받아 든다.

원루　　　　'또'라니?

△ Insert 해변.

△ 자막 : 2010년

△ 취안성이 모래사장에서 바다를 향해 걸어간다. 교복 바지가 흠뻑 젖는데도 멈추지 않고 계속 걷는다. 신발과 양말, 가방은 멀지 않은 곳에 놓인 유목 옆에 있다.

원루　　　　저기!

△ 뒤에서 누군가의 목소리가 들려오자 취안성은 고개를 돌려 바라본다.

△ 원루가 모래사장에 맨발로 서 있다. 쯔웨이와 똑같이 생긴 취안성을 보고 조금 놀란다.

원루　　　　리쯔웨이?

△ 취안성은 의아한 얼굴로 원루를 바라본다.

점프컷
△ 약간의 시간 경과 후 원루가 취안성과 함께 모래사장에 앉아 있다.

원루	아는 사람인 줄 알았어, 미안.
취안성	괜찮아.
원루	혹시, 바다를 향해 계속 걷다 보면 고통과 걱정에서 벗어날 수 있을 거라고 생각한 거야?

△ 취안성은 대답하지 않는다.

원루	사실⋯ 무슨 일이 있었던 건지 모르니까 막을 순 없지만, 그래도 나는 네가 자기 자신을 믿으면 좋겠어.

△ 취안성이 원루를 바라본다.

원루	그러면 너도 알게 될 거야. 지금 이 세상에서 사라지고 싶은 건 네가 세상에 실망해서가 아니야. 단지 세상에 기대가 너무 컸기 때문이지.

△ 원루의 말에 취안성은 가슴이 뭉클해지면서 눈시울이 붉어진다.

취안성   (약간 울먹이는) …언젠가는 이 세상이 달라졌으면 좋겠어.

△ 조용히 바다를 바라보고 있는 윈루.

윈루   …걱정 마, 반드시 그런 날이 올 거야.

△ 인서트 화면 끝. 취안성이 기숙사 안으로 걸음을 옮기며 이야기한다.

취안성   고마워, 그날 나를 불러줘서.

△ 윈루는 그때의 기억과 함께 언젠가 뇌리를 스쳤던 파도 소리가 떠올라서 놀란 얼굴로 취안성
을 바라본다.

취안성   모쥔제랑 둘이 한참을 찾았었는데,
               이렇게 찾아올 줄은 생각도 못했어.
윈루   그날 이후, 사실은 무서웠어. 일기를 쓰면서 그간의 일들을
               정리해 보려고 했는데, 기억이 흐릿해져서 뭐가 진짜고
               뭐가 가짜인지 모르겠더라….

△ Insert 윈루가 책상 앞에 앉아 일기를 쓰고 있다.

△ Insert 폐건물 옥상. 윈루가 정신을 차려 보니 자신이 취안성의 손을 잡고 있다. 당황하는 얼굴.

윈루   도망칠까 했는데, 순간 꿈에서 너를 만난 것 같았어….

도대체 내가 어떻게 해야 미래가 달라지는 거야?

△ 그때 원루는 벽에 걸린 칠판에 시선이 꽂힌다. 칠판 위 그려진 타임라인에 메모가 가득하다.

△ 원루는 자기도 모르게 칠판 앞으로 다가가 복잡한 도식과 메모들을 바라본다. 한 달 전의 일들이 아직도 생생한 듯하다.

　　취안성　　이건 당시 리쯔웨이가 그린 타임라인이야.

　　　　　　　마지막까지 해법은 찾지 못했지만.

△ 취안성이 원루의 뒷모습을 보며 앞으로 한 걸음 다가선다.

　　취안성　　우리가 방법을 찾아보자.

　　원루　　　(고개를 돌려 취안성을 보는) 우리 미래가 정말 달라질 수 있을까?

　　취안성　　다를 거야. 반드시 그런 날이 올 거야.

△ 취안성의 말에 원루의 눈이 살짝 커진다. 용기를 얻은 얼굴이다.

△ 그때, 원루가 실수로 상자에 부딪힌다. 상자 위 잡동사니 중 틴 케이스가 바닥에 떨어지는 소리에 두 사람의 시선이 쏠린다. 틴 케이스 안에 위헝과의 추억이 담긴 물건(사진, 두 사람의 기념품, 테이프, 플레이어 등등)들이 들어 있다.

△ 취안성이 다급히 꿇어앉아 물건을 정리한다. 그때 틴 케이스 옆에 떨어진 우바이의 테이프를 발견한다. 케이스가 열려 있고 가사집도 바닥에 떨어져 있다.

△ 원루가 테이프를 들어 자세히 살핀다. 가사집을 펼쳐 보는데 갑자기 머릿속에 한 장면이 스친다.

△ **Insert – 위쉬안의 기억** 2017년, 상하이 회사 사무실. 금이 간 우바이의 테이프 케이스를 위쉬안이

의아한 얼굴로 열어 본다. 가사집을 펼쳐 보다가 누군가 적은 메시지를 발견한다.

△ 다시 현재. 원루가 가사집에서 그때와 같은 메시지를 발견한다.

원루   이 테이프… 꿈에서 본 적 있어….

황위쉬안이 이 테이프를 들고 2014년으로 갔었어.

△ 취안성은 테이프를 받아 들고 추억에 잠긴다.

S#85.

시간 : 낮

야외 : 대학교 캠퍼스 / 왕취안성의 대학교 기숙사 / 공원묘지

연도 : 2011년

△ 음악이 시작되고, 두 사람의 아름다운 추억을 보여주는 음악 클립이 계속 이어진다.

△ 위에 '2011년'이라고 자막이 뜬다. 취안성의 대학 시절이다.

△ 취안성 뒤에서 위헝이 방금 산 테이프를 내민다. 취안성이 모르고 있다가 깜짝 놀란다.

취안성   깜짝이야, 왜 이제 와! 이거 사러 갔던 거야?

위헝   응.

△ 취안성이 테이프를 받으려 하자 위헝이 안 주는 척 장난을 한다. 그러다 손에서 테이프가 미끄러진다. 케이스가 바닥에 떨어지면서 망가진다.

취안성   망가졌잖아… 새 건데….

△ **Insert** 기숙사. 깨진 테이프 케이스를 바라보던 취안성은 갑자기 떠오른 기억에 슬픈 표정을
    짓는다.

△ 위형이 복도에서 갑자기 몸이 안 좋은 듯 기침을 몇 번 하더니 쓰러진다. 옆에 있던 취안성, 불
   안해 하며 주위 학생들에게 선생님을 빨리 불러 달라고 소리친다.

△ 침상 위에 위형이 누워 있다. 병문안을 온 취안성은 위형이 점점 약해지고 있다는 걸 느낀다.
   위형은 불치병에 걸려 치료하기에는 너무 늦어버린 상태.

△ 위형에게 희망을 느꼈던 취안성은 또다시 심연으로 빠진다.

점프컷

△ 공원묘지. 취안성이 꽃을 들고 위형의 묘비(1991~2014) 앞으로 온다.

△ 취안성은 미소를 지으려 하지만 눈시울이 붉어진다.

△ 약간의 시간 경과 후, 취안성이 묘비 옆에 앉아 위형이 선물했던 테이프를 꺼낸다. 웃어 보이다
   가 울기 시작하는데, 눈물이 테이프 위로 떨어진다. 그때, 마법에 걸린 듯 테이프에 희미한 빛
   이 어리지만 취안성은 이를 발견하지 못한다.

△ 이어폰 한쪽을 귀에 꽂는 취안성, 나머지 한쪽은 위형의 묘비 위에 놓는다.

△ **Insert** 캠퍼스 안에서 즐거운 두 사람의 모습.

△ 묘비 옆에서 음악을 들으며 눈물을 흘리는 취안성.

S#86.

시간 : 낮
야외 : 해변 / 대학교 캠퍼스 / 폐건물 밖

실내 : 병원 / 중고 레코드점 / 폐건물 / 영안실
연도 : 2014년

△ 시간은 2014년 8월, 위쉬안의 타임라인으로 돌아온다. 취안성이 똑같이 이어폰을 귀에 꽂고
　눈을 감은 채 음악을 듣고 있다. 천천히 눈을 뜨면, 원루가 옆에 앉아 조용히 함께하고 있다.

△ 음악이 끝나면, 취안성이 이어폰을 뺀다.

　　취안성　　　그땐 아무리 힘들어도 그 친구만 있으면 견딜 수 있었는데,

　　　　　　　　　이렇게 떠날 줄은 몰랐어….

　　원루　　　　그 친구는 떠난 게 아니야.

△ 취안성, 의아한 얼굴로 원루를 바라본다.

　　원루　　　　난 그렇게 생각해… 네 마음속에 그 친구가 있는 한,

　　　　　　　　　여전히 함께인 거라고.

△ 취안성은 살짝 감동받는다. 입가에 잔잔한 미소가 떠오른다.

점프컷

△ 불이 활활 타오르고 있다. 그 옆에 취안성이 서 있다. 못내 아쉬운 표정이지만 단호한 몸짓으로
　테이프에서 마그네틱 필름을 뽑아낸다.

　　취안성　　　V.O. 시작하지 않았다면, 끝낼 필요도 없을 텐데….

△　Insert　대학 시절. 취안성과 위헝이 함께 농구하는 모습, 책 읽는 모습에 이어 위헝이 병상에 누워 있을 때 함께 사진을 찍는 두 사람의 모습이 그려진다.

위헝　　　우리 사진 찍자.

취안성　　…그래.

△　취안성이 휴대폰을 들고 위헝과 함께 사진을 찍는다. 찰칵하는 소리와 함께 공원묘지에서의 장면으로 전환된다.

△　가방에서 둘이 함께 찍은 사진을 한 장씩 꺼내는 취안성, 이어서 테이프를 꺼낸다.

윈루　　　V.O. 사랑하고, 헤어져도….

△　다시 해변. 취안성이 마음의 준비가 된 듯 몸을 굽혀 테이프를 불더미 속에 넣는다.

취안성　　V.O. 미래를 바꾸면 과거도 바꿀 수 있어.

윈루　　　V.O. …만남은 헛되지 않으니까.

△　테이프가 활활 타오르는 불길 속에서 사라져 간다.

취안성　　V.O. 이번엔, 다를 거야.

△　화염 속에서 테이프의 겉면이 점점 검게 변하다 (특수 효과) 잿더미가 된다.

△　Insert　지금까지 있었던 모든 일들이 거꾸로 되감기면서 하나둘 사라진다.

△　Insert　취안성이 수수께끼를 풀던 칠판 위의 글자가 사라진다.

△ Insert 쯔웨이가 테이프를 중고 가게의 진열대에 다시 끼워 넣는다.

△ Insert 폐건물 위로 올라가려던 취안성과 쯔웨이가 입자로 변하며 사라진다.

△ Insert 폐건물 아래로 떨어지던 인물들이 입자로 변하며 사라진다.

△ Insert 영안실. 죽은 쯔웨이가 입자로 변하며 사라진다.

S#87.

시간 : 낮

실내 : 동거하는 집

연도 : 2017년

△ 가만히 눈을 뜨는 위쉬안, 약간 혼란스러운 얼굴이다(새로운 결말의 타임라인).

△ 위쉬안이 고개를 돌려 옆자리를 바라보면, 깊이 잠든 쯔웨이가 누워 있다. 위쉬안의 인기척에
　잠에서 깨는 쯔웨이.

쯔웨이　　　왜 그래?

△ 위쉬안은 얼굴에 미소가 번지지만 동시에 눈물이 난다. 무엇 때문에 눈물이 나는지 알 수 없다.

△ 미소 짓는 쯔웨이, 위쉬안의 새끼손가락에 손가락을 걸고 있다.

△ 쯔웨이가 위쉬안을 품에 안는다. 위쉬안이 다가가 쯔웨이에게 입을 맞춘다. 아침 햇살 속에서
　조용히 서로를 끌어안는 두 사람.

△ 위쪽에 '2017년'이라고 자막이 뜬다.

△ Fade to Black 주요 크레딧이 하나씩 떠오른다.

S#88.

시간 : 낮

실내 : 타이베이 회사 사무실

연도 : 2019년

△ 사무실 안에서 위쉬안이 쯔웨이와 영상 통화를 하고 있다.

쯔웨이	미안, 나도 진짜 이러고 싶지 않다니까! 벌써 공항에 나왔는데 이렇게 될 줄 누가 알았겠어, 나도 어쩔 수가 없어!
위쉬안	(동의 못 하는 듯) 그래서?
쯔웨이	그래서… 어쩔 수 없이… 내일 비행기로 가야겠다….
위쉬안	내일! 그러니까 오늘은 못 오시겠다?
쯔웨이	그렇다니까….
위쉬안	하, 이건 아니지! 생일은 꼬박꼬박 다 챙겨주겠다면서… 약속은 지켜야지!
쯔웨이	미안해, 나도 어쩔 수가 없다니까! 내가 내일… 내일은 꼭 생일 챙겨줄게. 응? 위쉬안… 마음 풀고.
나 선배	O.S. 위쉬안!
위쉬안	나 일해야 돼, 너랑 안 놀아. 내일도 오지 마, 안녕!

△ 위쉬안이 쯔웨이의 전화를 매정하게 끊어 버리고, 다가오는 나 선배를 향해 일어선다.

위쉬안	선배, 무슨 일이에요?
나 선배	바빠?
위쉬안	아뇨, 괜찮아요.
나 선배	(쿤부에게 흘끗 눈짓하고) 사실 별일 아닌데,
	그래도 이야기는 해야 할 거 같아서.
	(이야깃거리를 찾는) 아까 거래처랑 밥을 먹는데 이번 협력안에
	대한 얘기가 나왔거든. 그러니까 내가 하고 싶은 얘기가
	뭐냐면, 우리가 팬 페이지를 얼마나 제대로 운영하고 있는지,
	팔로워가 얼마나 늘었는지 보여주고 싶더라구.
	그래서 페이지를 딱 열었는데 말이야,
	내가 얼마나 창피했는지⋯.
위쉬안	(짜증을 억누르며) 선배⋯ 요점만 얘기해주실래요?
나 선배	요점은 말이지⋯.
동료들	O.S. 생일 축하해요!

△ 위쉬안이 고개를 돌리면, 사무실 동료들이 어느새 회의실을 장식해 놓고 한데 모여 생일 축하 노래를 큰 소리로 부르고 있다. 풋 하고 웃음이 나오는 위쉬안. 나 선배가 웃는 얼굴로 위쉬안을 생일 축하 자리로 이끈다.

위쉬안   아후, 거창해라. 이거 너무 오버 아니에요? 고마워요!

△ 쿤부가 동료들을 데리고 떠들썩하게 다가와 위쉬안에게 소원을 말하라고 재촉한다.

위쉬안   좋아! 첫 번째 소원은, 올 한 해 우리 모두 실적 팍팍 올려서

연말 보너스를 제대로 받았으면 좋겠습니다! (동료들 환호한다)

두 번째 소원은, 다들 건강하고 평안했으면 좋겠어요!

아퉈   (농담하듯) 차라리 세계 평화나 환경 보호를 비는 게 낫겠네!

쿤부   입 다물어!

나 선배   저기, 위쉬안. 세 번째 소원은 눈 감고… 마음속으로 빌어 봐.

위쉬안   세 번째 소원은….

△ 위쉬안은 눈을 감고 진심을 다해 소원을 빈 뒤, 앞으로 다가서서 촛불을 후 하고 불어 끈다.

쯔웨이   O.S. 황위쉬안, 생일 축하해.

△ 위쉬안이 고개를 돌리는데 아무도 보이지 않는다. 그때, 아래에서 반지 상자 하나가 천천히 카메라 안으로 들어온다. 쯔웨이가 한쪽 무릎을 꿇고 프러포즈 반지를 내민 것.

△ 그 모습을 본 동료들이 흥분해서 떠들썩해진다. 위쉬안에게 프러포즈를 받아들이라고 소란을 피우는데.

△ 일어서는 쯔웨이. 미소를 띠며 위쉬안에게 묻는다.

쯔웨이   내 아내가 되어줄래?

위쉬안   …좋아!

△ 위쉬안이 나서서 반지를 꺼낸 뒤 손가락에 끼운다. 동시에 앞으로 성큼 다가서며 쯔웨이에게 입을 맞춘다.

△ 두 사람 환하게 웃으며 서로를 바라보다 또다시 입을 맞춘다.

△ 사랑하고, 헤어져도, 만남이 헛되지 않게.

△ 최종 자막 : 사랑하고, 헤어져도, 만남이 헛되지 않게. '인 메모리엄', 앨프리드 테니슨, 1850년

△ 최종 자막 : 'Tis better to have loved and lost than never to have loved at all. "In memoriam A. H. H." Alfred, Lord Tennyson 1850

△ Credits

S#89.

시간 : 낮

실내 : 상하이 회사 사무실

연도 : 2017년

△ 상하이 풍경.

△ 양하오가 커피를 들고 식당에서 나온다. 손가락에 결혼반지는 보이지 않는다.

△ 그때, 양하오가 무언가를 발견하고 걸음을 멈춘다.

양하오	뭐 하고 있어요?
쑹제	(놀라며) 본… 본부장님, 안녕하세요.
양하오	점심시간 끝났는데, 여기서 뭐 해요?
쑹제	죄송합니다. 얼른 자리로 가겠습니다.

△ 양하오가 컴퓨터를 흘끗 보면, 우바이의 콘서트 티켓 예매 페이지다.

양하오	잠깐, 우바이 좋아해요?

쑹제	아… 네, 오늘 티켓 예매일이라서요.
양하오	나도 좋아해요. 우선 티켓 예매부터 해요.

△ 말을 마친 양하오, 자리를 뜬다. 쑹제는 신이 나서 자리에 앉아 예매를 계속한다.

△ 화면을 클로즈업하면, 쑹제가 티켓 수량을 한 장에서 두 장으로 변경한다.

S#90.

시간 : 낮 / 밤

실내 : 테이프 전시회장

야외 : 공연장 앞 / 전시회장 앞

연도 : 2015년 / 2001년

A. 테이프 전시회장

△ 원루가 약간 차려 입은 모습으로 복고 테이프 전시회장에 도착한다. 장내에 사람은 많지 않지만 모두가 꽤 관심을 보이고 있다.

△ 이곳이 낯선 원루는 자신을 초대한 친구를 찾으려고 행사장을 두리번거린다. 그때, 누군가 원루의 어깨를 살짝 두드린다. 원루가 고개를 돌려 취안성을 발견한다.

취안성	하이, 오랜만이야.
원루	초대해줘서 고마워. 정말 특별한 곳이네.
취안성	친구가 주최한 전시인데, 너도 좋아할 것 같았어.
원루	고마워.
취안성	그럼 천천히 둘러봐.

| 원루 | 응, 그렇게. |

△ 전시장 안을 천천히 둘러보던 원루는 우바이 앨범 전시 앞에서 걸음을 멈춘다.

△ 옆에 놓인 카세트를 드는 원루, 우바이의 테이프를 넣고 노래를 들어 보려는데. 취안성이 멀찌 감치 떨어진 곳에서 바라보고 있지만 원루는 눈치채지 못한다.

△ 그때, 전시 쇼케이스 위로 누군가의 그림자가 거꾸로 비친다. 쥔제가 원루 뒤에 서 있다.

△ 원루가 놀라며 고개를 돌린다. 쥔제도 원루를 만나게 될 줄 몰랐다는 듯 놀라는 얼굴이다.

| 쥔제 | …안녕, 여기서 보네. |
| 원루 | …응. |

△ 쥔제가 앞으로 다가서면, 원루 손에 우바이의 테이프가 보인다.

| 쥔제 | 그때 콘서트 같이 못 가서 미안해. |

△ 원루가 가만히 쥔제를 바라보다가 고개를 젓는다.

| 원루 | …나 그때 콘서트 안 갔어. |

△ 살짝 놀라는 쥔제.

B. 공연장 앞
△ 비가 여전히 내리고 있다. 공연장 앞에 서 있던 두 사람, 장내에서 콘서트 소리가 희미하게 들려온다.

△ 원루가 손목시계를 확인한다. 그때 마지막 입장을 알리는 스태프의 음성이 들린다.

스태프   콘서트 벌써 시작했습니다, 마지막 입장이에요!

지금 입장 안 하시면 이제 못 들어갑니다.

양하오   가요, 안 올 사람 기다리느라 콘서트를 놓칠 순 없잖아요.

△ 원루가 돌아선다. 양하오는 원루가 자신과 함께 공연장에 들어가는 줄 알고 있다.

△ 그때, 멈춰 서는 원루. 단호한 눈빛으로 양하오를 바라본다.

원루   전 안 볼래요. 티켓 버리지 말고 얼른 들어가서 보세요.

△ 말을 마친 원루, 빗속을 혼자 달려간다. 놀란 얼굴로 그 자리에 남아 있는 양하오.

C. 테이프 전시회장
△ 쥔제는 그제야 모든 걸 알게 된다.

쥔제   그럼… 나랑 콘서트 노래 같이 들을래?

△ 이어폰을 건네는 쥔제. 원루가 쥔제가 건넨 이어폰을 받아 든다. 두 사람 함께 이어폰을 꽂고
우바이 콘서트 노래를 듣는다.

점프컷
△ 전시회장 밖으로 나온 두 사람, 원루가 먼저 갈 채비를 한다.

원루	안 데려다줘도 돼. 나 혼자 갈 수 있어.
쥔제	그럼… 조심히 가….
원루	잘 가.

△ 돌아서서 걷기 시작하는 원루. 쥔제는 원루의 뒷모습을 바라보며 망설인다.

△ 결국 마음먹은 듯 쥔제가 뒤쫓아 달려간다.

쥔제   저기, 천원루.

△ 원루가 걸음을 멈추고 돌아서서 쥔제를 바라본다.

쥔제   가기 전에, 우리, 같이 뭐 좀 먹을까?

△ 그 말에 원루는 단번에 받아들이지도, 그렇다고 거절하지도 않는다.

△ 거절의 의미라고 생각한 쥔제는 살짝 실망한다. 그때 들려오는 원루의 대답.

원루   뭐 먹고 싶은데?

△ 그 말에 쥔제의 얼굴 위로 미소가 떠오른다.

△ 멀지 않은 곳에서 취안성이 둘을 주시하고 있다. 어깨를 나란히 하고 서서 점점 가까워지는 두
   사람의 뒷모습을 바라보며, 축복하는 마음을 담아 미소 짓는다.

보충 해설 : 테이프의 모험기

2014년, 왕취안성이 묘지에서 흘린 눈물로 테이프는 신비한 기운을 얻는다. 그러나 같은 해 8월, 이사 중 분실되어(영화에서 편집). 중고 시장으로 유입된다. 이후 황위쉬안의 타임라인에서 2015년, 천원루가 구입한다(S#1.에서 원루가 테이프를 구매하는 장면이 잠시 등장). 천원루와 함께 상하이로 이동한 테이프는 리쯔웨이의 타임라인에서 2017년, 리쯔웨이가 구입한다(중고 레코드점에서 어렵게 찾은 테이프). 마침내 2017년, 두 사람이 각각 타임슬립을 한 후, 함께 사는 집으로 돌아온다.

영화 스토리의 비밀 전격 해부

뤼안셴

먼저 영화 〈상견니〉를 사랑해주신 분들께 진심으로 감사드립니다. 여러분의 응원이 있어 마지막 장을 완벽하게 장식하면서 모두의 마음속에서 마침표를 찍을 수 있었습니다.

특히 수없이 과거로 돌아가 주인공들의 얽히고설킨 사랑과 미움을 함께 경험하고, 두 번 세 번 아니 심지어 몇 번이나 작품을 감상한 여러분께 더욱 감사합니다. 여러 차례 타임슬립을 반복하는 동안, 스토리의 타임라인을 비롯해서 영화의 메시지를 충분히 이해하셨으리라 생각합니다. 두려움 없이 사랑하고, 모든 걸 겪어 내세요. 미래가 두렵다고 망설이거나 바꿀 수 없는 과거 때문에 주저앉아 후회하지도 마세요. 우리는 언제나 최고의 순간들을 살아가고 있습니다. 기꺼이 사랑하고, 헤어지세요. 만남이 헛되지 않도록.

지금부터는 이 자리를 빌려 타임라인과 스토리, 드라마와의 부합점 및 오마주, 그리고 세심하게 구성한 쿠키 영상까지 명확하게 설명하고자 합니다. 영화를 보신 분들이 "아, 그런 거였구나!" 하는 만족감을 가지고 다음 여정으로 나아가길 바랍니다.

먼저 스토리 전체의 시공간 설정에 대한 이야기입니다. 영화가 개봉하고, 몇 차례 QA를 다니면서 인터넷에 올라온 글들을 많이 찾아서 읽어 보니(사실 많은 분들이 거의 완벽하게 해석하셨어요), 시공간 구조의 개념에 의문점이 많아 보였습니다. 자문자답 형식으로 그 의문을 해소해 드릴게요.

Q. 영화에서 선보이는 타임슬립의 메커니즘은
'뫼비우스의 띠'인가, 아니면 '다중 우주와 평행 우주'인가?

A. 사실 영화의 시공간 설정은 이중 설정이고, 조금 더 깊이 들여다보면 다중 우주와 평행 우주 개념에 가깝습니다. 뭐랄까요, 혹시 리쯔웨이가 칠판에 그렸던 그림을 기억하시나요? 그림의 끝에는 숫자 '8'처럼 보이는 뫼비우스의 띠, 즉 무한 루프를 상징하는 도식이 있습니다. 사실 그건 두 개의 우주가 무한대 기호(∞)에 가까운 모습으로 교차하며 만든 모양이에요. 실제로 두 개의 루프가 교차하는 지점이 있죠. 소위 특이점奇異點, 特異點, singularity이라고도 하는 그 지점에서 7월 10일 저녁에 특이한 폐쇄 순환이 일어나기 때문에 뫼비우스의 띠 개념이 적용되는 겁니다. 황위쉬안, 천원루, 리쯔웨이가 2014년으로 되돌아갔을 때, 7월 10일의 이 특이점에서 서로 다른 결과를 만들고, 서로 다른 시공간이 생겨나면서 무한 루프를 이어 가는 거죠.

Q. 영화의 스토리는 드라마의 뒷이야기인가,
아니면 완전히 새로운 시공간인가?

A. 설정상으로는 드라마 결말에서 이어지는 스토리입니다. 드라마에서 가장 마지막까지 남았던 기억의 단편이 있죠. 고등학생인 리쯔웨이와 (쯔웨이 오빠의) 바이탕궈를 좋아하는 어린 황위쉬안이요.

Q. 영화 도입부의 일기는 천원루가 쓴 것인가?

A. 맞습니다. 영화 도입부에 등장하는 글과 독백, 마지막에 '상견니想見你' 세 글자만 남기고 사라지는 일기는 천원루가 썼어요. 일기를 통해 다음 두 가지를 암시하고자 했습니다.

(1) 이번 스토리는 천원루와 관련이 있다.

(2) 천원루는 2014년의 사건을 겪은 후 깨어나지만 모든 기억이 흐릿하다. 현실과 꿈을 구분하지 못한 채 그저 산산조각이 난 기억을 바탕으로 일기를 쓸 수밖에 없었다. 모든 것에서 벗어나고자 상하이로 도망치듯 떠나지만, 뜻밖에도 그것이 무한 루프에 빠지는 첫 걸음이 된다.

Q. 리쯔웨이와 황위쉬안의 꿈은 드라마의 오마주인데,
드라마와 헤어 스타일이 다른 이유는 무엇인가?

A. 드라마 속 단발 소녀는 천원루의 몸이었지 황위쉬안 본인은 아니었습니다. 영화에서 황위쉬안은 경험한 적 없는 장면을 꿈에서 볼 때, 간접적으로 자신의 의식과 외모를 투영했던 거예요. 이는 꿈속 인물을 자신이라고 느끼면서 또 동시에 자신이 아니라고 느끼는 위쉬안의 상황을 잘 보여주죠.

리쯔웨이는 과거에 왕취안성의 몸으로 타임슬립을 해서 위쉬안과 사랑에 빠졌던 경험이 있는 데다가, 위쉬안이 타임슬립을 했던 고등학교 시절의 원루(드라마)를 마주한 적이 있습니다. 당시의 기억이 리쯔웨이의 뇌리에 남아 있기 때문에 꿈속 소녀의 이미지가 포니테일 머리에 쾌활한 모습으로 그려졌죠.

Q. 비 오는 날, 리쯔웨이 옆을 달려가던 소녀는 황위쉬안인가?

A. 아닙니다. 그건 꿈속에서 본 황위쉬안이에요. 그러니까 실제로 리쯔웨이 옆을 지나간 사람은 존재하지 않았고, 그저 꿈속 소녀가 떠올랐던 것뿐이죠. 옆을 달려가던 소녀는 펑난 고등학교의 교복 차림(회색 니트)이었는데, 황위쉬안은 펑난 고등학교가 아니라 성베이 고등학교(남색 교복)를 다녔습니다.

Q. 황위쉬안이 악몽을 꾸고 나서 리쯔웨이와 서로의 새끼손가락을 거는 장면이 나오는데, 두 사람의 행동은 어떤 의미인가?

A. 리쯔웨이가 황위쉬안과 새끼손가락을 걸면서 이런 말을 합니다. '이렇게 손가락을 걸고 있으면 그건 그냥 꿈'이라고요. 그러니까 손가락을 걸고 있는 지금이 현실이고, 악몽은 그저 꿈일 뿐이니 두려워하지 말라는 의미예요. 이건 결말과도 연결되는 부분입니다. 후반부에서 황위쉬안이 깨어났을 때 두 사람은 손가락을 걸고 있죠. 앞에 일어났던 모든 일들이 두 사람에게는 그저 악몽에 지나지 않는다는 의미입니다.

Q. 왜 타임슬립은 2017년에 일어나는가?

A. 드라마에서도 황위쉬안은 2017년에 상하이로 파견되는데, 그것과 엮기 위한 설정입니다. 그래야 관객들이 드라마의 결말에서 시작되는 영화의 스토리를 더 쉽게 이해할 테니까요.

Q. 〈도학위룡〉이 눈물이 날 영화인가?

A. 재미로 쓴 소소한 에피소드입니다. 더 정확히 말하면 〈도학위룡2〉라고 해야겠네요. 어릴 때 룽샹 영화 채널龍祥電影台에서 〈도학위룡〉을 수없이 봤거든요. 〈도학위룡2〉에서 주성치가 연기한 주성성周星星은 장민張敏이 연기한 허민何敏과 주인朱茵이 맡은 샌디 Sandy 사이를 맴도는데, 마침 주성성과 샌디의 나이 차이가 리쯔웨이와 황위쉬안의 나이 차이와 같더라고요. 〈상견니〉의 인물 관계와 연결되는 부분이 있다 싶어서 영화에 활용했습니다.

Q. 리쯔웨이는 황위쉬안이 타임슬립을 한 천원루라는 것을 왜 바로 알아채지 못하나?

A. 리쯔웨이는 처음부터 타임슬립 자체를 믿지 않았기 때문입니다. 게다가 '실제' 황위쉬안이 옆에 있었기에 황위쉬안의 몸에 천원루가 타임슬립을 했다는 사실이 쉽게 드러날 수 없었어요. 또, 모든 사건이 3일이라는 짧은 시간 동안 벌어지는 것도 하나의 이유입니다. 리쯔웨이는 드라마에서의 기억이 없는 상황이에요. 그런 배경에서 만들어진 설정입니다.

Q. 황위쉬안(실제 천원루)이 천원루(실제 황위쉬안)에게 미래의 일을 물었던 이유는?

A. 천원루는 리쯔웨이가 죽고 난 후에 황위쉬안이 어떤 삶을 보냈는지 알고 싶었어요. 똑같이 슬퍼했을지 궁금했죠. 이건 중요한 포인트가 되는 장면인데요. 황위쉬안이 지난 3년 간 리쯔웨이를 잊을 수 없었다고 울면서 이야기하자, 천원루가 다가가 황위쉬안을 안아주죠. 그런데 이때 천원루의 눈빛을 보면 순수하게 위쉬안 때문에 괴로워만 하

는 눈빛이 아닙니다. 왜냐하면 바로 그 순간, 천원루는 자신을 희생해서 모두를 고통에서 벗어나게 하겠다고 결심하거든요.

Q. 누가 누구를 폐건물로 불렀나?

A. 폐건물로 부른 사람은 사실 타임슬립을 한 리쯔웨이가 아니라 황위쉬안의 몸으로 타임슬립을 한 천원루입니다. 리쯔웨이는 그저 문자 메시지로 천원루를 불러내기만 했죠. 혹시 2014년의 리쯔웨이와 왕취안성(실제 리쯔웨이)이 폐건물 앞에 막 도착하던 장면을 기억하시나요? 그때 두 사람이 함께 위를 흘끗 쳐다보고서 이렇게 말하죠. "천원루는 왜 여기서 보자는 거야?" 그런 다음 건물 위에서 천원루의 실루엣을 보고, 그제야 두 사람이 함께 뛰어올라가요. 그러니까 폐건물로 불러낸 건 천원루이고, 이는 천원루가 의도적으로 파 놓은 함정이었죠.

Q. 천원루가 폐건물에서 만나자고 한 이유는 무엇인가?

A. 두 가지 이유가 있습니다. 첫 번째는, 천원루의 잠재의식 안에 폐건물에 대한 인상이 남아 있었어요. 그러므로 시작도 끝도 없이 설정된 루프 속에 빠지면서 천원루는 그곳을 선택할 수밖에 없었죠. 두 번째는, 문자 메시지를 받았을 당시 천원루는 이미 과거의 자신을 죽여야겠다고 마음먹은 상태였어요. 내성적이고 아주 약한 천원루는 모쥔제와 리쯔웨이가 곁에 있는 상황에서 어떻게 해야 모두를 놀라게 하지 않으면서 효과적으로 목적을 달성할 수 있었을까 고민했고, 단시간에 생각한 방법이 바로 상대를 건물 아래로 떨어뜨리는 것이었죠. 그래서 일부러 두 리쯔웨이에게 폐건물 위에 서 있는 자신의 모습을 보여주었습니다. 천원루(실제 황위쉬안)가 리쯔웨이를 구하려고 자신의

기억을 따라 반드시 이곳으로 올 것이고, 그래야 과거의 자신을 죽일 수 있다고 생각했으니까요. 다만 이 모든 게 돌고 도는 운명의 일부라는 것만은 몰랐던 거죠.

Q. 천원루는 과거로 돌아갔을 때 왜 모두에게 진실을 바로 이야기하지 않았나?

A. 천원루는 전지적 관점으로 모든 상황을 관찰하는 인물이 아니에요. 2017년에 혼수상태에 빠졌을 때도 아주 약하게나마 의식이 있었습니다(그렇지 않았다면 타임슬립이 불가능했을 거예요). 하지만 2014년의 기억을 2017년의 자신에게로 연결하지는 못해요(황위쉬안 역시 어렴풋한 기억만 갖고 있죠). 혼수상태에 빠졌던 사람이 갑자기 깨어날 때, 꿈에서 깨어났다고 생각하고, 혼수상태 이전의 기억만 갖고 있는 경우와 비슷하죠(넷플릭스에 레벨 윌슨Rebel Wilson이 주연한 〈시니어 이어Senior Year〉라는 작품도 있죠). 그리고 2014년의 천원루는 황위쉬안의 몸에서 빠져나온 후, 현실인지 꿈인지 구분할 수 없는 일들을 오로지 일기를 쓰면서 맞춰 나갑니다. 그러다 회피 성향에 따라 우연한 기회에 상하이로 갔다가 다시 루프 속으로 들어오게 되죠(또다른 시공간의 천원루는 그대로 사망하기 때문에 뒷이야기가 없습니다).

Q. 천원루는 왜 자신을 죽여야만 모두를 구할 수 있다고 생각했나?

A. 앞서 언급했듯이 천원루는 전지적 관점을 지닌 캐릭터가 아니죠. 하지만 이대로 계속 산다면, 2017년에는 유산과 우울증을 겪고 혼수상태에 빠지며, 친구였던 리즈웨이를 죽게 만들어 황위쉬안과 모쥔제가 영원히 고통받게 되리라는 사실만은 잘 알고 있었어요. 한편 또 다른 결말에서도 천원루는 황위쉬안과 건물 아래로 떨어져서 죽습니다. 어느 시공간에서도 천원루는 끝없는 슬픔을 견뎌야 하는 거예요. 비극적인 결정을 내

린 배경이죠. 자신을 희생해야만 모두가 슬픔에서 벗어난다고 생각한 거예요. 하지만 이 모든 순환이 자신의 희생으로 시작되었다는 사실만은 알지 못했던 겁니다.

Q. 모쥔제는 황위쉬안에게 왜 진실을 알리지 않았나?

A. 모쥔제는 황위쉬안에게 모든 진실을 이야기하면, 리쯔웨이를 깊이 사랑한 황위쉬안이 과거를 놓지 못하고 타임슬립에만 집착해서 정상적인 삶을 살아가지 못할 것 같아 걱정했어요. 더불어 모쥔제는 이미 왕취안성을 만났었고, 왕취안성은 전체 스토리에서 두 시공간이 존재한다는 사실을 알고 있는 유일한 인물이죠. (황위쉬안이 천원루의 기억을 갖고 있지만 어렴풋했던 것처럼) 왕취안성 역시 기억은 흐릿하지만, 칠판에 그려진 그림이 현실이라는 것만은 분명히 알았어요. 그러니 왕취안성과 모쥔제는 칠판에 그려진 그림대로 상황이 전개된다면 2017년의 황위쉬안이 리쯔웨이를 정말 구할 수도 있지 않을까 궁금했죠. 그래서 2017년에 타임슬립이 정말 일어날 때까지 기다렸다가, 그제야 진실을 말하면서 리쯔웨이가 칠판에 그렸던 가설을 증명한 거예요.

Q. 천원루는 왕취안성의 테이프를 어떻게 손에 넣었나?

A. 리쯔웨이가 살아 있는 시공간에서 리쯔웨이는 중고 레코드점에서 왕취안성의 테이프를 구매합니다. 그리고 천원루가 살아 있는 시공간에서 천원루 역시 중고 레코드점에서 왕취안성의 테이프를 구매하죠. 다만 리쯔웨이는 2017년에 구매하고, 천원루는 2015년에 상하이로 가기 전에 구매한다는 시기상 차이가 있습니다. 영화 마지막에 왕취안성이 이삿짐을 싸던 장면 기억하시나요? 왕취안성의 테이프가 중고 레코드점을 전전했던 이유는 사건 발생 약 한 달 후 왕취안성이 대학을 졸업하고 이사를 했기

때문이에요. 짐을 옮기는 과정에서 류위헝의 물건이 보관된 왕취안성의 틴 케이스가 분실되면서, 테이프가 이곳저곳을 떠돌다 중고 레코드점으로 유입되었죠. 각본에는 나와 있는데, 영화에서는 여러 이유로 편집되었어요.

Q. 천원루는 혼수상태 이전에 타임슬립을 한 적 있나?

A. 없습니다. 천원루는 2017년에 양하오가 테이프를 들려주었을 때 처음 타임슬립을 경험합니다. 타임슬립이 가능하려면 다음의 세 가지 조건이 충족되어야 해요. 첫 번째는 신비한 힘이 스며든 테이프로 '라스트 댄스'를 들어야 하고, 두 번째는 나와 똑같이 생긴 사람이 존재해야 하며, 세 번째는 무척이나 그리운 상대가 있어야 합니다. 천원루가 2015년에 테이프를 구매했지만, 당시에는 테이프가 지닌 의미를 알지 못했고(레코드점에서 아르바이트를 하던 당시에는 그저 음악을 즐겨 듣던 소녀였죠), 진정으로 그리운 상대도 없었기에 보통의 테이프와 다를 바 없었죠. 더불어 2017년에 사고로 혼수상태에 빠진 거니까 그전에는 '라스트 댄스'를 들었다고 해도 2014년으로 타임슬립을 할 수는 없었어요.

Q. 천원루는 왜 혼수상태에 빠진 후 타임슬립이 가능했나?

A. 타임슬립에 필요한 조건이 충족되었기 때문입니다. 2017년의 천원루는 과거로 돌아가 2014년의 자신을 만나고 싶었어요. 자신이 과거를 바꿀 수 있는지, 그렇게 해서 미래도 바꿀 수 있는지 알고 싶었죠. 하지만 과거로 돌아가고 나서야 깨닫습니다. 과거를 바꾸고 싶다는 생각이 자신의 미래를 재차 슬픔 속으로 내몬다는 사실을요. 그래서 자신을 희생하고 모두를 구하기로 마음먹습니다.

Q.   양하오는 왜 타임슬립을 할 수 없었나?

A.   자신과 똑같이 생긴 사람이 존재하지 않기 때문입니다.

Q.   무한 루프의 순환은 누구에 의해 시작되었나?

A.   설정상 순환이 깨지기 전까지는 순환을 시작한 사람도, 끝낸 사람도 없습니다. 그러나 2017년의 양하오는 천원루와 황위쉬안이 서로를 넘나들게 만든 핵심 인물이죠. 양하오는 천원루가 과거로 돌아가 스스로를 구한다면 2017년에 혼수상태에 빠지지 않으리라는 생각에서 내내 벗어나지 못했어요.

천원루가 과거로 돌아가야 한다고 양하오가 집착하지 않았다면, 2017년에 천원루는 혼수상태에 빠지지 않았을지도 모릅니다. 그러나 끝내 사그라들지 않는 양하오의 집착이 순환의 열쇠가 되었죠.

Q.   순환은 어떻게 깨지게 되었나?

A.   스토리 말미에 황위쉬안이 리쯔웨이에게 "우리가 아무리 애를 써도 결국엔 아무것도 바꿀 수 없는 거지?"라고 묻습니다. 리쯔웨이는 이렇게 대답해요. "위쉬안, 그렇지 않아. 아무것도 바꾸지 못한 건 아니야. 적어도… 이렇게 얼굴을 보면서 마지막 인사는… 나눌 수 있잖아." 사실 이때 마음의 방에서는 천원루가 이 장면을 보고 있습니다. 두 사람이 사랑을 위해 과감히 서로를 놓아주는 모습과 서재에서 두 사람이 새끼손가락을 걸던 모습을 모두 보았죠. 다시는 서로를 만날 수 없어도 운명이 두 사람을 이어주고 있다는 것을, 서로가 다른 시공간에서 잘 살아간다면 그걸로 충분하다는 것을 두 사람

은 알고 있었습니다. 그제야 천원루는 비로소 집착을 버리고 자신의 운명을 용감하게 받아들이면서 더 이상 회피하지 않기로 합니다(이 장면에 대한 자세한 내용과 천원루의 심리 변화는 각본 안에 더욱 완성도 있게 묘사되어 있습니다).

Q. 테이프를 태우고 나서 시간이 정상 궤도로 돌아갈 수 있었던 이유는?

A. 신비한 힘을 가진 테이프 자체가 시공간의 버그Bug였기 때문입니다. 그 테이프로 인해 순환이 시작되었기 때문에 (드라마에서도 그랬듯) 테이프를 태워 버리면서 원래의 시공간으로 돌아갈 수 있었죠. 만약 천원루가 생각을 바꾸지 않았더라면, 왕취안성은 계속해서 이사하다가 테이프를 잃어버리고 또다시 순환이 시작되었을 거예요. 그러므로 순환을 진정으로 끝낼 수 있었던 핵심은 테이프가 아니라 천원루와 왕취안성의 '내려놓음'에 있었던 거죠. 이것은 영화가 전하고자 했던 메시지 중 하나이기도 합니다. 본래 드라마에서 구원을 받았던 두 사람이 영화에서는 모두를 구원하는 사람이 된 거예요. 스스로 부족하다는 생각이 들어도, 잘 해내고 있지 못하는 것 같아도 낙담하지 마세요. 누군가에게는 세상을 구할 완벽한 사람일지도 모르니까요. 부족했던 과거를 과감하게 뛰어넘고 더 나은 미래를 만들어 나가는 겁니다.

Q. 왜 미래를 바꿔야만 과거를 바꿀 수 있나?

A. 무한 루프로 설정된 이야기이기 때문입니다. 타임슬립으로 과거를 바꾸려 한다면, 이 순환의 시간 흐름에 부합하지 않죠.

천원루가 왕취안성을 찾아간 시공간에서 리쯔웨이는 사망한 상태였죠. 아직 테이프를 태우기 전이라 시공간이 정상 궤도로 돌아오기 전이었으니까요. 만약 두 사람이 테이프를 이용해 과거로 돌아가려고 시도했다면, 시간의 흐름 때문에 또다시 버그 속으로 돌아가게 될 거예요. 류위형이 남긴 마지막 추억과도 같았던 테이프를 포기해도 좋다고 왕취안성이 마음을 먹어야만, 모든 게 정상 궤도로 돌아오거나 혹은 새로운 타임라인을 만들면서 순환을 끝낼 수 있는 겁니다. 한편으로는, 영화를 보고 관객들이 과거에 대한 후회에서 벗어나 용감하게 앞으로 나아갈 수 있기를 바라는 마음도 있었습니다. 이미 일어난 일은 매몰 비용이죠. 다시 되돌릴 수 없습니다. 다음 스텝을 잘 조정하면서 새로운 미래로 나아가는 방법밖에 없습니다.

Q. 마지막에 황위쉬안이 깨어나는 장면에서 두 사람이 새끼손가락을 걸고 있는데, 그렇다면 결말은 현실인가?

A. 그렇습니다. 앞서도 언급했듯 새끼손가락을 걸고 있다는 건 지금까지의 모든 일들이 그저 꿈이었다는 것을 뜻하죠. 두 사람은 마치 지난 일들을 직접 겪은 듯하면서도 또 한편으로 꿈인 듯 느낍니다. 하지만 그건 아무래도 상관없어요. 정상 궤도로 돌아온 시공간 안에서 두 사람은 서로를 더 깊이 사랑하게 되었으니까요. 가장 완벽한 엔딩입니다.

Q. 쿠키 영상에서 모쥔제는 천원루와 이루어진 것이 맞나?

A. 각본에 그 답이 있습니다. 마지막 쿠키 영상 촬영 당시 황톈런 감독은 테이프 시대를 회고하는 전시를 구현하려고 수많은 작품으로 공간을 세팅했어요. 시대는 계속해서 앞으로 나아가지만, 아름다운 추억만은 그 시대를 살았던 사람들의 마음속에 존재한

다는 걸 보여주고자 했죠. 천원루는 사실 왕취안성의 초대로 전시회에 오게 되었는데, 왕취안성이 모쥔제도 몰래 초대했어요. 그렇게 두 사람은 전시회에서 만날 수 있었고, 모쥔제는 용기를 내 한 발짝 다가갑니다. 천원루에게 함께 맛있는 걸 먹으러 가자고 제안하죠. 그리고 결국 천원루는 미소를 지으며 고개를 끄덕입니다.

Q. 쿠키 영상에서 양하오의 엔딩은 어떻게 되나?

A. 쿠키 영상 마지막에 양하오는 비서 쑹제가 우바이 콘서트 티켓을 예매하고 있는 모습을 보게 됩니다. 두 사람 사이에 업무 이외의 연결 고리가 생기면서 열린 결말을 맞죠. 사실 각본에서는 양하오를 좋아하는 쑹제의 모습이 계속 나와요. 심지어는 황위쉬안을 질투하기도 하죠. 다만 영화의 러닝타임을 고려하여 편집되었습니다.

이상 영화 〈상견니〉에 관한 '시공간의 비밀 전격 해부 패키지'였습니다. 영화를 이해하는 데 도움이 되셨나요? 작품에 참여했던 모든 이들이 진심과 애정을 가득 담아 〈상견니〉 이야기의 마지막 장을 완성했습니다. 영화가 모두의 마음에 들기를 바랍니다.

이어서 영화 스토리의 전체 타임라인을 정리했습니다. 스토리를 보다 효과적으로 이해하는 데 도움이 될 거예요. 관심 있는 분들은 참고해주세요.

타임라인을 조금 더 쉽게 읽을 수 있도록 드라마 시공간(드), 영화 시공간(영), 황위쉬안 시공간(황), 리쯔웨이 시공간(리)으로 나눴습니다.

1998년(드)　고등학생 리쯔웨이가 길 잃은 어린 황위쉬안을 만남.

1999년(영)　천원루가 모쥔제와 작별 인사를 나눈 뒤 공부를 하러 타이베이로 떠남.

2001년(영)　양하오가 레코드점에서 천원루를 만남.

2001년(영)　모쥔제가 우바이 콘서트를 놓침.

2009년(영)　리쯔웨이와 황위쉬안이 꿈에서 또 다른 시공간 속의 상대방을 만남.

2009년(영)　리쯔웨이와 황위쉬안이 버블티 가게에서 서로를 만남.

2010년(영)　바다에 빠져 자살하려던 왕취안성을 천원루가 우연히 구함.

2010~2011년(영)　리쯔웨이와 황위쉬안이 함께 새해맞이 불꽃놀이를 보며 정식으로 교제를 시작함.

2011년(영)　왕취안성이 대학에 진학하고, 류위헝을 알게 됨.

2013년(영)   리쯔웨이와 황위쉬안이 동거를 시작함.

2014년 7월 8일(영)   왕취안성이 류위헝의 묘비 옆에서 '라스트 댄스'를 듣다가 흘린 눈물이 테이프 위로 떨어짐.

2014년 7월 8일(리)   공원묘지에서 집으로 돌아온 왕취안성의 몸으로 리쯔웨이가 들어옴.

2014년 7월 8일(황)   출근하지 못한 천원루의 몸으로 황위쉬안이 들어옴.

2014년 7월 10일(리/황)   리쯔웨이 혹은 황위쉬안과 천원루가 추락하여 사망.

2014년 7월 11일(리)   리쯔웨이가 영안실에서 시체를 확인함.

2014년 7월 12일(리)   왕취안성 병문안을 간 리쯔웨이가 테이프에 깃든 비밀을 알게 됨.

2014년 7월 12일(황)   황위쉬안이 영안실에서 시체를 확인함.

2014년 8월 12~13일(황〉〉〉영)   천원루가 왕취안성을 찾아가 테이프를 불태우자 시공간이 정상 궤도로 복원됨.

2015년(황)   천원루가 중고 레코드점에서 테이프를 구입함.

2015년(황)   천원루가 상하이로 파견됨.

2017년(황)   천원루가 유산 후 혼수상태에 빠짐.

2017년(황)   양하오가 일기를 보고 타임슬립을 시도하지만 실패하고, 천원루에게 일기를 읽어줌.

2017년(황)   황위쉬안이 상하이로 파견되고, 양하오를 만남.

2017년(황)　천원루가 타임슬립을 성공한 듯 보였으나 얼마 지나지 않아 세상을 떠남.

2017년(리)　리쯔웨이가 중고 레코드점에서 테이프를 구입함.

2017년(리)　리쯔웨이가 2014년 7월 8일로 타임슬립.

2017년(황)　황위쉬안이 양하오가 보낸 테이프를 받고, 2014년 7월 8일로 타임슬립.

2017년(황)　황위쉬안이 타이베이로 돌아가 모쥔제에게 자초지종을 묻고, 왕취안성을 만나 타임슬립의 진실을 알게 됨.

2017년(황)　황위쉬안이 상하이로 돌아가 양하오를 찾아가고, 양하오와 천원루의 스토리를 전해 들음.

2017년(황)　황위쉬안이 타이베이로 돌아와 리쯔웨이와 동거했던 집 발코니에서 마지막 타임슬립을 시도함.

2017년(리)　리쯔웨이가 황위쉬안과 동거했던 집 발코니에서 마지막 타임슬립을 시도함.

2017년(영)　황위쉬안이 잠에서 깨어나고 옆에는 리쯔웨이가 있음.

2019년 10월 28일(영)　황위쉬안의 생일날, 리쯔웨이가 프러포즈에 성공함.

쿠키 영상의 타임라인

2015년(영)   천원루가 왕취안성의 초대를 받아 테이프 전시회에 참석하고, 그곳에서 모쥔제를 만남.

2017년(영)   양하오가 쑹제도 우바이 노래를 좋아한다는 걸 알게 됨.

마지막으로 영화 속 쿠키 영상 및 드라마와 부합되는 부분들을 정리했습니다. 여러분은 몇 가지나 발견하셨나요? (글의 순서는 상관없음)

1   새해맞이 불꽃놀이의 특수 효과는 중국의 설치 미술가 차이궈창蔡国强이 그해 디자인한 작품을 참고해 디자인했다.

2   두 사람이 건물 옥상에 있는 집으로 이사하는 건 드라마에서 이어진 설정이다.

3   건물 밖으로 추락하는 날짜가 7월 10일인 이유는, '7+1+0=8'로 날짜를 구성하는 숫자를 모두 더하면 마치 무한 루프를 나타내는 기호와 같기 때문이다. 한편 타임슬립을 하는 날짜가 7월 8일인 것도 숫자 '8'이 무한대 기호와 같아 보이는 데에서 나온 설정이다.

4   2017년, 잠에서 깬 황위쉬안은 양치를 하러 화장실에 들어가서 리쯔웨이에게 웃긴 이야기를 부탁한다. 사실 이 장면에서 리쯔웨이의 칫솔은 컵에 꽂혀 있는데, 이것은 리쯔웨이가 같은 시공간에 있지 않다는 것을 암시한다.

5   두 사람이 고급 레스토랑에서 저녁 식사를 함께 하다가 황위쉬안이 상하이 전근 이야

기를 꺼내는 장면이 있다. 이때 황위쉬안의 와인 잔과 옆쪽 유리창, 그리고 천장 쪽 유리창을 자세히 보면 리쯔웨이의 모습이 비치지 않는다. 이 역시 리쯔웨이가 같은 시공간에 없다는 것을 암시한다.

6   집으로 돌아온 황위쉬안이 발코니에 앉아 리쯔웨이에게 메시지를 보내면, 리쯔웨이가 작업을 하던 방에서 휴대폰을 집어 든다. 이때도 두 사람은 같은 시공간에 존재하지 않는다. 실제로 두 사람이 주고받는 대화가 자연스럽게 맞아떨어지지 않는다.

7   상하이로 온 황위쉬안은 호텔 침대에 누워 휴대폰 메신저의 대화창을 계속해서 위로 올리는데, 전부 황위쉬안이 그리운 마음에 일방적으로 전송한 메시지들 뿐이다. 이 역시 드라마의 오마주이다.

8   도입부에 나오는 천원루의 일기는 커자옌 배우가 천원루의 마음을 생각하며 직접 작성했다. 드라마에 나왔던 일기 역시 커자옌 배우가 직접 썼다. 그녀의 재능에 감탄할 수밖에 없는 이유다.

9   황위쉬안이 천원루의 몸으로 타임슬립을 하는 장면은 영화가 시작되고 정확히 32분이 지난 시점에 등장한다. 이 역시 〈상견니〉의 비밀의 숫자 '32'에 맞춰 특별히 설정한 것이다.

10 타임슬립을 하는 과정에 시간이 거꾸로 흐르는 의도적인 음향 효과를 삽입했는데, 총 32번의 똑딱 소리가 두 차례 흐른다.

11 만두와 국수가 등장하는 썰렁한 농담은 드라마에 나왔던 웃긴 이야기에서 이어진 것이다.

12 영화에 나오는 테이프는 드라마에서의 테이프와 다른 것이다. 드라마에서의 테이프는

1999년에 사라지지만, 영화에서의 테이프는 2014년 7월 8일에 신비한 눈물의 힘으로 탄생한다.

13 모쥔제가 귀에 손을 대고 있는 장면은 드라마의 설정에서 이어진 것이다. 이때, 모쥔제는 눈앞의 황위쉬안이 천원루라고 생각하지만, 100퍼센트 확신하지는 못한다.

14 천원루가 폐건물에서 유리 조각을 집어 드는 장면 역시 드라마의 내용과 호응한다. 드라마 후반부에서도 천원루는 유리 조각을 집어 자신의 목에 가져다 댄다.

15 후반부에 천원루가 왕취안성을 찾아가는 장면에서 천원루는 "반드시 그런 날이 올 거야."라고 말한다. 이때, 있어서는 안 될 마법 같은 음향 효과가 나오는데, 이것은 사실 두 사람의 마음 변화로 시공간이 바뀌었다는 것을 암시한다. 다음에는 이 부분을 주의 깊게 들어 보시길.

16 마지막에 나 선배가 황위쉬안의 생일을 축하해주는 에피소드 역시 드라마의 오마주로, 영화에서도 나 선배는 서프라이즈를 위해 이런저런 엉뚱한 이야기를 늘어놓는다. 단, 이번에는 황위쉬안의 세 번째 소원이 현실로 이루어진다. 황위쉬안의 세 번째 소원은 언제나 하나였다. '보고 싶어想見你, 리쯔웨이.'

영화 미술과 비하인드 Q&A

Q. 영화 〈상견니〉는 2014년과 2017년을 배경으로 하고 있는데, 그 안에 삽입된 시공간 의 간격은 20년 가까이 차이가 난다. 장면을 세팅할 때, 현실감과 시대 차이는 어떻게 표현했나?

A. 두 사람이 함께하는 집부터 리쯔웨이의 작업실까지 현실감을 표현하는 데 있어 가장 중요한 단계는 캐릭터의 생활과 성격, 습관, 취미 등을 상상하는 겁니다. 즐겨 먹는 음 식, 자주 쓰는 물건 등에 따라 살아가는 환경이 결정되죠. 미술팀은 자신들을 직접 캐 릭터에 녹여 냈습니다. 흩어진 종이나 붓, 제도판, 자 등등 수작업에 필요한 도구들을 컴퓨터와 키보드 사이에 늘어놓고, 잡다한 데스크탑을 통해 과중한 업무로 바쁜 느낌 을 표현했죠. 밤새워 일하느라 외모에 신경 쓸 새 없는 디자이너의 이미지는 이런 디테 일 속에서 만들어졌습니다.

좀 더 사실적인 장면을 위해 미술팀은 가구 사이사이 최대한 '인간미'를 더하고자 노력 했어요. 예를 들면, 스태프가 아침에 식사 후 남긴 쓰레기를 보관했다가 장면 안에 넣 거나 주방 구석에 비닐봉지, 작은 테이블 위에 피규어 등을 놓아서 삶의 흔적을 천천히 덧입혔습니다. 눈에 띄지 않는 잡다한 물건과 작은 소품들이 현실적인 삶의 느낌을 표 현하는 기초이자 원천이었던 셈이죠.

극 중 시대 차이는 미술팀이 사전에 감독과의 소통하면서 표현 범위와 방법을 정확히 확인했습니다. 시대 분위기를 가장 직관적으로 보여주는 것은 보통 인테리어 스타일이나 가구처럼 커다란 하드웨어에 있어요. 각 시대마다 대표적으로 유행하는 미적 기준이나 스타일이 다르잖아요. 그래서 커튼 패브릭이나 베개 등 소프트웨어를 서로 다른 패턴이나 색상으로 매치하면서 각 시대가 갖는 독특한 분위기와 느낌을 표현했습니다.

Q. 구성이나 세팅에 있어서 개인적으로 가장 좋아하는 장면은? 디테일이 가득한 작업실, 빈티지한 분위기가 진한 레코드점, 아니면 두 주인공이 대부분의 시간을 함께 보냈던 아파트 중 어느 곳인가?

A. 우리 손으로 세팅한 장면 하나하나가 전부 자식들 같아서 우열을 가릴 수가 없을 것 같습니다. 전체적으로 파란색을 바탕으로 삼아 스토리의 분위기를 만들었어요. 〈상견니〉는 단순한 러브 스토리가 아니라 상실과 구원의 이야기 속에 슬픈 정서를 담고 있습니다. 그래서 장면마다 차가운 느낌의 파란색을 활용해 계획하고 디자인을 기획했어요. 가령 리쯔웨이의 작업실도 파란색을 다양하게 써서 표현했습니다.

하지만 두 사람이 동거했던 집은 따스한 컬러를 주축으로 세팅했습니다. 스토리상으로도 그렇고 쯔웨이와 위쉬안에게도 그곳은 집이자 안식처이며 모든 행복의 출발점이기 때문이죠. 그래서 다른 장면들과는 달리, 일부러 따스한 느낌의 노란색 조명을 사용했고, 가구도 아기자기한 일본식 스타일로 세팅해서 섬세하고도 아늑한 분위기를 표현하려고 했습니다. 레코드점은 드라마에서의 모습을 복원하는 것이 목적이었지만, 그때와는 상황이 달라진 터라 드라마 속 모습에 최대한 가깝게 모방할 수밖에 없었습니다. 레코드점 공간 역시 의도했던 느낌을 구현하기 위해 로맨틱한 분위기의 컬러와 패턴을 추가했어요.

Q. '오래된' 소품들을 대량으로 수집하는 데에 어려움은 없었나? 스태프들은 어디에서 그렇게 많은 우바이 테이프를 찾아냈나?

A. 영화 속에 등장하는 것처럼 오래된 음반을 대량으로 수집하는 건 정말 어려운 일이었습니다. 그래서 일부는 진짜 제품을 수집했고, 일부는 미술팀 스태프들이 수작업으로 똑같이 만들었어요. 우바이 테이프를 제작하는 과정에서 저작권 문제가 있었는데, 락 레코드滾石唱片, Rock Records와 협상을 거친 후 저작권 사용 동의를 얻었습니다. 그런 뒤 다시 가내 수공업 하듯 디자인부터 제작, 출력을 하고 테이프를 구매하여 일일이 수작업으로 붙이는 과정을 거쳤죠. 우리 손으로 직접 만든 소품들이 영화의 완성도에 힘을 보탰다는 사실을 우리가 이야기하기 전까지는 모르는 분들이 많았을 거예요. 스크린을 통해 제작한 소품들을 다시 보니 그때의 고생스러웠던 제작 과정이 떠오르면서 뿌듯하고 따뜻한 마음이 들었습니다. 얼마나 가치 있는 시간이었는지 절실히 느낄 수 있었죠.

Q. 영화 속의 중요한 도구인 일기장은 드라마의 일기장과 같은 것인가? 그 안의 내용을 전부 커자옌 배우가 직접 썼다고 들었는데, 그렇다면 황위쉬안과 천원루의 글씨체 역시 커자옌 배우가 만들어 낸 것인지?

A. 일기장은 드라마에서 나왔던 것과 같은 스타일을 찾아서 사용했습니다. 그 안에는 커자옌 배우가 윈루의 마음 상태에 한 발 더 가까이 다가가고자 직접 쓴 내용이 많아요. 또한 캐릭터의 각기 다른 성격을 표현하기 위해서 서로 다른 필체를 사용하는 모습에서 정말 배우의 진심이 느껴졌죠.

Q. 스토리상 시공간을 넘나들어야 하고 한 사람이 여러 역할을 하다 보니 같은 장면을 여러 번 반복해서 촬영했을 텐데, 특별히 어려웠던 점은 없었나?

A. 한 장면을 반복해서 촬영하다 보니 미술팀에게는 장면의 일관성을 유지하는 것이 가장 큰 숙제였습니다. 콘티가 충분해야 하기 때문에 미술팀은 모든 소품이 같은 위치나 각도에 놓여 있는지 반드시 확인해야 했어요. 동일한 화면을 재현하기 위해서 가구의 위치나 각도를 틈만 나면 사진으로 찍어 두곤 했고요.

사실 배우나 분장팀만큼 수고스럽지는 않았습니다. 영화 〈상견니〉에서는 한 사람이 여러 역할을 연기하기 때문에 반복 촬영을 할 때마다 배우들은 의상을 여러 번 갈아입고 감정을 다시 잡아야 했어요. 캐릭터 및 성격에 따른 외모를 구현하려고 분장팀도 시간과 에너지를 많이 써야 했죠. 미술팀이 겪었던 어려움은 상대적으로 크지 않았습니다.

Q. 영화가 기획되고 촬영을 시작하던 시기에 마침 코로나19가 기승을 부렸다. 이전의 영화 촬영 환경과 비교했을 때 특히 힘들었던 점이나 잊을 수 없는 일이 있다면?

A. 촬영이 이어지던 기간은 마침 코로나19가 심각하던 시점이었습니다. 식사할 때는 마스크를 벗고 식사할 수 있을 정도의 거리두기를 유지하고, 세트장에 들어서기 전에는 체온 측정과 세트장 소독 혹은 스태프를 상대로 검사를 진행하는 등 방역 규정이 있었죠. 확신하건대, 훗날 누군가가 이 시대를 작품에서 표현하려면 이렇게 특수하고도 상징적인 행동들을 장면으로 재현하는 것부터 시작해야 할 겁니다. 이 시대만이 가질 수 있는 특별한 공감대니까요.

위쉬안과 쯔웨이가
데이트를 했던
전망 좋은 레스토랑

샹그릴라 파 이스턴 플라자 타이베이 – 마르코 폴로 라운지
Shangri-La's Far Eastern Taipei – Marco Polo Lounge

台北市大安區敦化南路二段201號38樓

MRT 원후선(文湖線, Wenhu Line)을 타고 테크놀로지 빌딩역(科技大樓站, Technology Building Station)에서 내리면 도보 10분, 류장리역(六張犁站, Liuzhangli Station)에서 내리면 도보 12분 거리. 버스를 이용할 경우, 펑추 공원 정류장(鳳雛公園站, Fengchu Park) 또는 청궁궈자이 정류장(成功國宅站, Chengong Public Housing)에서 내리면 도보 2분 거리.

원루와 쥔제가 재회했던 테이프 전시회장

쑹산 문화 창작 공원– 낫 저스트 라이브러리

松山文創園區 –不只是圖書館(Not Just Library)

台北市信義區光復南路133號

MRT 반난선(板南線, Bannan Line)을 타고 국부기념관역(國父紀念館站, Sun Yat-Sen Memorial Hall Station)에서 내리면 도보 11분 거리.

원루와 쥔제가 놓쳤던 우바이 콘서트가 열린 공연장

리버사이드 레드 하우스 퍼포먼스 홀
河岸留言-西門紅樓展演館(Riverside Red House Theater Perfomance Hall)

台北市萬華區西寧南路177號

MRT 반난선 또는 쑹산신뎬선(松山新店線, Songshan-Xindian Line)을 타
고 시먼역(西门站, Ximen Station)에서 내리면 도보 3분 거리.

위쉬안이 아르바이트를 했던 음료 가게

라이크 티 숍 쑹산점
老賴茶棧松山店(Like Tea Shop Songshan)

台北市松山區光復南路3號

MRT 반난선을 타고 국부기념관역에서 내리면 도보 11분 거리. 또
는 MRT 쑹산신뎬선을 타고 난징쌴민역(南京三民站, Nanjing Sanmin
Station)에서 내리면 도보 10분 거리.

쯔웨이의 작업실

난하이 갤러리
南海藝廊(Nanhai Gallery)

台北市中正區重慶南路二段19巷3號

MRT 단수이신이선(淡水信義線, Tamsui - Xinyi line) 또는 쑹산신뎬선을
타고 중정기념당역(中正紀念堂站, Chiang Kai-Shek Memorial Hall Station)
에서 내리면 도보 5분 거리.

*난하이 갤러리 내부는 예술과 문학을 위한 전시 공간으로, 전시가 있을 때만 개
  방한다.

위쉬안과 쯔웨이가 새해맞이 데이트를 했던 곳

후산 하이킹 트레일- 후산 피크 전망대

虎山親山步道(Hushan Hiking Trail)

지도에서 '후산(虎山)'을 검색하세요.

MRT 반난선을 타고 융춘역(永春站, Yongchun Station)에서 내리거나 단수이신이선을 타고 샹산역(象山站, Xiangshan Station)에서 내리면 (후산 트레일에서 산까지 오르는 데에) 도보로 약 30분. 자가용 혹은 자전거를 이용할 경우, 야오츠궁(瑤池宮) 주차장(No.677-26, Songshan Road, Xinyi District, Taipei)에서 도보로 5분 거리.

위쉬안과 쯔웨이가 꿈속에서 데이트를 했던 해변

칭수이 해변
清水海邊

宜蘭縣五結鄉季水路清水海邊

위쉬안과 쯔웨이가 데이트를 했던 바닷가

치구 염전 방파제 일몰 감상로
七股鹽田海堤觀夕步道

台南市七股區觀海樓旁

위쉬안과 쯔웨이가 드라이브를 했던 곳

장쥔구 해안 도로
將軍區濱海道路

台南市將軍區南 25-1 鄉道上

위쉬안과 쯔웨이가 꿈속에서 비를 맞으며 달리던 거리

산화 뉴좡 액티비티 센터
善化牛庄活動中心

台南市善化區牛庄里 1382 號旁邊小路

펑난소대 세 사람이 함께 걷던 거리

산화 뉴쫭 내 공원
善化牛庄里小公園

台南市善化區牛庄 67 號對面

쥔제가 윈루를 배웅한 기차역

린펑잉 역

林鳳營車站(Linfengying Railway Station)

台南市六甲區中社裡林鳳營16 號

투자	황숴 Shuo Huang、인샹진 Xiangjin Yin、
	장신왕 Wayne H. Chang、리제 Jerny Li、쉐성펀 Jason Hsueh
감독	황텐런 Tienjen Huang
총감독	린샤오첸 Gavin Lin、천즈한 Chihhan Chen
오리지널 스토리	젠치펑 Chifeng Chien、린신후이 Hsinhuei Lin
각본	뤼안셴 Hermes Lu、장빙위 Bingyu Zhang
프로듀서	마이팅 Phoebe Ma、자오웨 Jewel Zhao
공동 프로듀서	판진치 Midori Fan、양나 Na Yang

옮긴이 김소희

'차라'라는 필명을 가진 중국어 번역가. 시나리오 번역을 시작으로 번역에 입문했다. 다수의 한중 합작 드라마와 영화 대본을 번역하고 중국어 관련 도서를 여러 권 썼다. 현재는 출판 번역과 함께 번역 코칭을 겸하고 있다. 저서로는 『중국어 번역가로 산다는 것』 『마음의 문장들』 『네이티브는 쉬운 중국어로 말한다』 등이 있고, 옮긴 책으로 『세상이 몰래 널 사랑하고 있어』 『어서 와, 이런 정신과 의사는 처음이지?』 『어른을 위한 인생 수업』 등이 있다.

📷 인스타그램 @twinksoe

상견니 영화 각본

초판 1쇄 인쇄 2023년 9월 18일
초판 1쇄 발행 2023년 10월 16일

지은이 싼펑제작·젠치펑·린신후이·뤼안셴·처쿠엔테인먼트·완다픽쳐스
옮긴이 김소희
펴낸이 정은선

펴낸곳 ㈜오렌지디
출판등록 제2020-000013호
주소 서울특별시 강남구 선릉로 428
전화 02-6196-0380 | **팩스** 02-6499-0323

ISBN 979-11-7095-034-9   03680

www.oranged.co.kr